MORGENSTJERNENS BRUD

Ivar Kalleberg

authorHOUSE®

AuthorHouse™ UK Ltd.
500 Avebury Boulevard
Central Milton Keynes, MK9 2BE
www.authorhouse.co.uk
Phone: 08001974150

First published by AuthorHouse   6/22/2011.

ISBN: 978-1-4567-7414-1 (sc)

Romanen er basert på hendelser fra Nebraska rundt 1820

Av Ivar Kalleberg

Her og der satt noen mannfolk og pratet og røykte langpipe i solskinnet. De tok lange hvilepauser når de ikke kriget eller jaktet. Men kvinnene – mange iført bare et kort skjørt – arbeidet. Noen kokte mat i en bøffelmage med glohete steiner i, de ville by på varm mat om det skulle komme uventede gjester. Andre skrapte hårene av dyrehuder, noen skinn fikk beholde hårene – det ble kapper til vinterbruk og til bruk i sengene. To – tre kvinner skar kjøtt i strimler og hengte dem til tørk i solen. En dem hadde en kniv – da gikk arbeidet lettere. Hennes mann hadde byttet den til seg fra hvite pelsjegere for tre beverskinn. En mor og hennes barn hadde vært utenfor landsbyen og hentet nedfallsgrener til brensel. Tre - fire gamle menn lå et tak og slappet av og nøt solen. På åkrene holdt noen kvinner på med å luke i maisåkrene. På en annen åker vokste det solsikker. Noen småjenter lekte med dukker og små leketipier. I skyggen av et lønnetre spilte noen unge menn med terninger som var skåret ut av bisonknokler.

Noen ungjenter stelte med gresskarfeltene. De dyrket også bønner. På den beste jorden dyrket de tobakk – de trodde det var en gave fra åndene. Noen gamle menn var opptatt med å jakte på ugras i tobakksfeltene. En del kvinner hadde vært ved elven og hentet vann. To unggutter i kvinneklær holdt seg mest blant kvinnene. De var med på å sy sammen dyrehuder til en ny tipi. De kunne bruke mellom ti og tjue huder til en vanlig tipi. Gamle tipiskinn ble gjenbrukt og ble til nye mokasiner, skjorter og skjørt. Barna lekte med pil og bue. En gammel kone lærte unge jenter å bruke en loddrett vev. Tre-fire jegere kom hjem fra jakten – den ene hadde en hjort foran seg på hesten. Byttet ble delt opp og fordelt mellom jegerne. Noen ropte på en ungjente, Skogstjerne, som gikk hjem til sin mor, Ulvekvinne, som sa:

- Du må passe på din lillesøster. Ta henne med til Beverbekken og prøv å få henne til å stoppe med å gråte.

I denne landsbyen som var befolket av indianere var det full aktivitet. De tilhørte comanchenasjonen.

- Ja vel mamma, sa jenta. – Jeg stikker innom bestemor på hjemveien. Jenta var omtrent 16 vintre. Som indianerjenter flest var hun lydig og arbeidsom, og hun ble opplært i alle de sysler en kvinne måtte kunne før hun ble gift.

Hun gikk til bekken med vuggebrettet. Underveis møtte hun Hvite Hauk, som hun hadde et godt øye til. I det de møtes, sa han: - La oss møtes i kveld ved den gamle eiken i skogen.

Jenta så blygt ned og svarte: - Vi må bli bedre kjent før vi kan tenke på slikt. Vi kan sees utenfor tipien vår under frierpleddet mitt.

Hun hadde begynt å ane at noe holdt på å skje med kroppen hennes. Dette tenkte hun på mens hun bar det gråtende barnet til bekken. Før barna var to – tre måner gamle, var de vanligvis avvent med å gråte. Barnegråt kunne avsløre for en fiendtlig stamme hvor de var, så det kunne bety liv eller død at de minste barna ble opplært til å være stille.

De lærte det fort, for de oppdaget at når de gråt, måtte de være alene, men de fikk selskap og oppmerksomhet når de ikke gråt. Dette var det første trinnet på opplæringen til en streng selvkontroll som var vanlig blant USAs urinnvånere. Bestemor hadde fortalt henne om en sørgelig opplevelse fra sin barndom: De hadde vært på flukt fra fiendtlig nabostamme, og funnet et trygt skjulested oppe i en fjellhule. Hennes minste bror var bare - fem – seks uker, og for å stoppe gråten hans, måtte de holde for hans munn og nese. Da faren var over, hadde ungen sluttet å puste. Å miste et guttebarn var ekstra trist, for de trengte nye krigere og flinke jegere. Men hadde forfølgerne funnet dem, kunne de ha blitt drept alle sammen.

Hun hengte vuggebrettet på en grein på et bjørketre like ved bekken. Hun løftet ut ungen og undersøkte den tørkede mosen som skulle holde barnehuden tørr.

- Alt i orden her, tenkte Skogstjerne og skylte hendene i bekken. Så gikk hun tilbake til vuggebrettet. Hun klappet ungen på kinnet og sang:

Sov søtt du lille barnet vårt
Snart faller mørket på
Vår Fader Sol skal snart dra bort
Til Drømmelandet nå

Et stykke unna i et gammelt hickorytre holdt en rødtoppet svartspett på å lete etter stokkmaur under barken. Den klatret rundt stammen, hakket og lyttet. Da den fant maurkolonien, hakket den så flisene føk. Snart hadde den slukt flere hundre stokkmaur. Slik hindret den at maurene gikk videre til friske trær i nærheten.

Skogstjerne tenkte på at snart var hun voksen. Bestemor hadde fortalt henne at når hun trodde at tiden var inne, skulle hun gjennomgå et renselsesritual som de hadde brukt så lenge noen kunne huske. Hun hadde løst opp de lange flettene sine og tatt et bad. Så ble hele kroppen malt rød, og hun fikk på seg en vid kjole av hjorteskinn. De tente så et lite bål og strødde på engmarigress, einerkvister og hvit salvie. Jenta lot så røyken stige opp under kjolen sin og lot røyken rense henne. En tante hadde formant henne: - Du må aldri si ja første gangen en ung kriger frir til deg, samme hvor pen han er. Si heller dere må bli bedre kjent. Om du lar ham få ta på barmen din, vil han tro at dere er forlovet. Hun ante ikke at åtte-ti indianere fra pawneestammen var underveis. De hadde satt opp det lange håret så det liknet horn over pannen. De var på tokt for å røve en ungjente til en seremoni de hadde. Det var oftest en jente, men av og til en gutt fra en fiendtlig nabostamme. Seremonien ble ikke holdt hvert år – bare når en av de eldste hadde hatt drømmer om at nå ville Morgenstjernen ha et nytt offer. Det pleide å være omtrent hvert fjerde år. Han kontaktet da en av prestene i stammen og en gruppe krigere ble sendt av sted for å finne en ungjente fra en nabostamme.

De hadde bundet sauepels om hovene på hestene, så de skulle ikke høres. Halve pawneegruppen holdt vakt ved hestene. Resten listet seg forsiktig mot jenta med vuggebrettet. De stanset en liten stund og hørte på hennes voggesang:

> På engen hviler blomstene
> I skogen ulv og bjørn
> I redet sover ungene
> Til kråke, hauk og ørn

I neste øyeblikk hadde de omringet jenta og holdt henne for munnen mens de bar henne til hestene. Hendene ble bundet og hun ble satt på en ledig hest som var tjoret til en annen hest. Deretter satte de kursen mot nordnordøst.

Hvite Hauk hadde hørt at Skogstjerne hadde gått til Beverbekken. Der var hun ikke – vuggebrettet med barnet var alt han fant. Han ga barnet til moren og fortalte at Skogstjerne var forsvunnet.

- Du får dra og se etter spor, sa Ulvekvinne. Hun løftet barnet ut av vuggebrettet og så at her trengtes ny ren mose. Den skitne mosen ble tømt i glørne på den faste bålplassen. Hun vasket ungen i litt vann som solen hadde varmet opp. Så fant hun et stykke rent tøy og svøpte det rundt barnet. Hun fant ny ren mose i en skinnsekk hun hadde stående og la en passe mengde i vuggebrettet. Ungen hadde våknet, men gråt ikke. Moren moste noen rester fra dagens middag og puttet det i en nevestor skinnpose med et lite hull i et hjørne. Ungen suttet på posen og spiste villig. Da hun hadde rapet, ble hun lagt i vuggebrettet igjen. Mor vogget barnet i søvn til en voggevise hun hadde lært av sin bestemor:

Sov søtt og drøm om Nattens Sol
Høyt over Moder Jord
Snart sover Søster Nattfiol
Der nattergalen bor

Sov trygt og godt med smil om munn
For mor skal holde vakt
Snart demrer det en morgensol
Og da skal far på jakt.

Det lille barnet sov snart rolig. Et lite smil kunne en se i det lille barneansiktet.

Hvite Hauk satt på huk ved en stor klippe i skogkanten. Han studerte bakken nøye og skjønte hva som hadde skjedd: En flokk hester hadde kommet fra nordøst, og hadde tatt en pause her. Siden var de dratt tilbake i samme retning. Han gikk rundt for å lete etter flere spor. Det fant han i gresset: En liten beverskinnstrimmel pyntet med røde frynser. Det var det Skogstjerne pleide å binde rundt flettene sine. En flokk kråker lettet da han satte kursen hjemover.

Den lille gruppen av krigere hadde slått leir for natten. Under en stor steinhelle hadde de gjemt en part av en hjortekalv. De løftet vekk hellen og stekte kjøttet over et bål. Litt vill hvitløk og timian ble brukt som krydder. De spiste godt og pratet muntert rundt leirbålet – på et språk som var helt ukjent for den unge jenta. Men en ting forsto hun: En ung kraftig kriger hette Petalesharo og han var ekstra vennlig mot henne. Han hentet vann til henne fra bekken, og ga henne de beste kjøttstykkene. Før de sovnet, bandt han et lærrem mellom hennes venstre og sitt høyre håndledd. De holdt varmen under et teppe av sammensydde hareskinn.

Skogstjerne våknet tidlig. Hun var lemster i kroppen etter gårsdagens lange ridetur. Hun var godt vant med hester – hun fikk sin første ponni da hun var fem vintre. Hun lå lenge og tenkte på hvordan livet hennes ville bli nå. I de stammene hun kjente til, ble slavene godt behandlet. De måtte arbeide hardt – det var så – men med tiden kunne de gifte seg og bli opptatt i stammen. I andre tilfeller ble de slaver for sin herre.

Han kunne gi dem bort, selge dem eller drepe dem for å vise at han hadde råd til det. Men fra hvilken stamme kom de fra? De var litt kortvokste med grov benbygning – da kunne de ikke være Ojibwa. Heller ikke Kiowas – de bodde i en annen retning. De var heller ikke Blackfoot. De kunne ikke være Arapaho – ikke Cheyenne – ikke Ota eller Wichita – men kanskje Crow eller Mandan – de holdt til mot nord.

Hun tok ikke sin skjebne særlig tungt. Hun kom til å savne sin familie og sin landsby - men en får ta det som det kommer. Det hjelper ingenting om jeg går her og sturer, tenkte hun i det Petalesharo våknet. Han knyttet løs lærremmen og hun var med på å stelle frokost. Begge kunne sletteindianernes tegnspråk – så de kunne samtale litt. Hun strøk høyre hånds fingre over venstre håndbak, så tok hun tok sin høyre hånd med håndflaten ned under haken og beveget den raskt mot høyre. Det var tegnet for Sioux. Han løftet høyre hånd, holdt den mot brystet mens fingrene pekte utover. Han lot pekefingeren bevege seg mot høyre hånds håndflate. Like før de fikk kontakt, trakk han pekefingeren raskt tilbake. Det betydde nei. Han strakte ut venstre hånd og gned håndbaken med høyre hånds fingertupper. Det betydde indianer. Så plasserte han høyre hånd nær høyre skulder. Hånden ble så løftet oppover. Det forsto hun – de kom fra pawneestammen. Hun skjønte etter hvert at de ville være hjemme i hans landsby om kvelden to dager senere, og hans stamme kalte seg Chahiksichaiks.

De andre våknet etter hvert. De samlet noen tørre yuccastilker og mose til et lite bål. En hard trepinne ble surret rundt av en buestreng mot et stykke tre. Den tørre mosen tok snart fyr. Ofte laget de ild ved å slå flint mot en stein som inneholdt svovel. Soltørket bøffelmøkk og kvister og strå var brensel. De hadde en kaffekjele som de hadde byttet til seg hos hvite pelshandlere. De helte ristede, knuste maiskorn på kjelen og søtet det hele med lønnesirup. Fra en sadelveske ble det hentet flate maismelkaker, som ble mye brukt som mat på reiser. De var stekt på flate steinheller, og deigen var blandet med finmalte solsikkefrø og knuste kjerner fra melon og gresskar. Da de hadde spist ferdig, slukket de bålet og dekket til alle spor etter det. De tok en gren fra et ospetre og visket ut alle fotspor i sanden. Så red de en liten stund nordover i den grunne elven nordover for at ingen skulle finne noen spor etter dem.

De var fremme to dager senere i skumringen. De fleste i landsbyen møtte fram for å gi dem en varm velkomst. Dette ble Skogstjerne litt forundret over, for ingen pleide å gjøre noe stas på slaver.

Noen ungjenter tok henne med ned til Pilespisselven for å

bade neste dag. Etterpå gikk de inn i et badstuetelt som var laget av myke greiner som var bøyet i halvsirkel og stukket ned i jorden. Det hele var dekket med dyrehuder. Glohete steiner fra et bål ble båret inn – og vann ble helt over dem.

Skogstjerne ble forundret over at ingen her bodde i tipier. Hele landsbyen besto av jordhytter – med innvendige bærestolper og skråtak som var dekket av greiner, jord og gress. De pleide grave de et stort hull i jorden og la tak over. En liten forstue ledet inn til hovedrommet, som hadde et nedsenket gulv. Midt på gulvet var bålplassen og i taket over var det en firkantet ljore. Langs veggene var det bøffelskinn.

De satt på dem om dagen og sov der om natten. På bærestolpene hang våpnene til krigerne og en del jordbruksredskaper. I et hjørne var det gravd ut en kjeller der de oppbevarte årets avling. Åpningen var alltid godt gjemt slik at ingen fiende skulle finne den.

Skogstjerne ble plassert hos en enke med tre halvvoksne barn. Der var mange enker der – noen menn var falt i krig eller drept under bøffeljakten. Ofte hadde en mann to eller tre koner. Skogsstjerne var så sliten at hun sovnet med det samme. I halvsøvne registrerte hun knapt at de fire andre i jordhytten nynnet en sang før de la seg. Det var en bønn til Morgenstjernen om at de måtte få en god maisavling og at mennene skulle ha hellet med seg i jakt og krig.

Sola var kommet da hun våknet neste morgen. Hun ble hilst med vennlige ord og fikk servert frokost. Maten var litt uvant. Men det gjorde ingenting. Hun fikk kokt tørket kjøtt og stekt mais og tørket squash. En skje laget av bøffelhorn var hun vant til. Etterpå drakk de det varme vannet de hadde kokt kjøttet i. Horn fra tykkhornsauen var blitt til gode drikkekar.

Hun spiste mye og lenge mens hun registrerte det som foregikk rundt henne. Alle kvinner, unge og gamle arbeidet med forskjellige gjøremål. Noen gjorde rent skinn, andre sydde klær og mokasiner, og noen drev med broderier med kulørte pinnsvinpigger. Utpå dagen la de fra seg arbeidet for å tilberede neste måltid. Men de fleste mennene så ut til å ta det med ro og nyte livet. Noen satt og nøt solskinnet lent mot sine ryggstøtter. Andre satt i grupper og småpratet, mens andre laget våpen eller reparerte gamle. En og annen mann arbeidet sammen med kona på åkeren.

- Nei – se på ham, stakkars mann, sa naboene. – Nå er han blitt tjener for kona.

Om kona slet på åkeren uten mannen, sa de: - Stakkars kone – som har en så doven mann. Hun må ta det tunge slitet alene.

- Slik har vi i vår stamme også, tenkte Skogstjerne. - Her kommer jeg nok til å føle meg hjemme. Da hun hadde spist, gikk hun og satte seg blant noen unger i fem - seksårsalderen. De hadde dukker og lekedyr som var sydd av mykt hjorteskinn. Her lærte hun de første ordene på det fremmede språket: Bøffel, hjort og bjørn. Ungene hadde moro av å lære denne fremmede gjesten deres eget språk. De tok henne med overalt og pekte på ting og fortalte hva de het. Hun fikk se de store åkrene langs elvebredden og fikk høre hva mais, bønner, squash, gresskar, solsikke og melon het på pawneespråket.

Noen timer senere var det tid for mat. Skogstjerne fikk servert de beste kjøttstykkene. Etter en kort middagshvil tok barna henne med ut i skogen. Der så de umodne nyper, bringebær, tranebær og blåbær – og hun lærte navnene på mye av det som vokste i skogen.

En dag besøkte de et ulvehi. De visste om et sted der det bodde rødulver. Det var heller sjelden at de var å se. En enslig tispe passet på valpene. En ulv angriper aldri to eller flere mennesker. De gikk inn i hiet og hentet en valp og tok med hjem. De beholdt den noen dager og lekte med den. Ofte ble den malt i ansiktet som en indianer på krigsstien. Valpen ble fort knyttet til menneskene og trivdes blant dem. Om en ung kvinne hadde diebarn, fikk ulvungen også smake morsmelk. Vanligvis ble den brakt tilbake til hiet. Neste vår skjedde det samme igjen. Tispen som passet hiet husket det som skjedde året før og var ikke redd folk. Av og til ble en reveunge tatt med hjem og ble familiens kjæledegge. En sjelden gang hadde de en tam kalkun eller kråke som ble som et familiemedlem. De sørget når disse husdyrene døde.

Slik gikk dagene. Etter to – tre måner kunne hun forstå en del av det fremmede språket og lage enkle setninger. Hun lærte navnene på alle i landsbyen, og da det nærmet seg midtsommers, begynte de å forberede en fest de kalte Midtsommerfesten. Den ble holdt i Månen – når - dagene – er - lange, ved fullmåne.

I hennes stamme holdt de fester for å takke høyere makter for den hjelp de hadde fått. Her ble festen holdt til ære for Maisgudinnen og Morgenstjernen. I comanchenasjonen kjente litt til Soldansen, men de feiret Beverseremonien og Ørnedansen. De hadde også en høstfest for å takke for årets avling.

Midtsommerfesten skulle vare i tolv dager. Fire dager ble brukt til å felle den hellige bomullspoppelen og gjøre festplassen klar. I fire dager skulle medisinmennene fortelle myter og historier fra gamle dager og forklare hvordan seremonien skulle foregå, og de siste fire dagene var til dansen.

Først skulle de velge ut offertreet – som er Morgenstjernens representant på jorden. Bomullspoppel ble valgt fordi de trekantede bladene minnet om en tipi – som de brukte under vår- og høstjakten vestover når de skulle jakte på bøffelen. Når et tre blir felt, kan en tydelig se et stjernemønster i snittflaten på treet. Fire tapre unge menn med et godt rykte ble sent ut for å finne det rette treet. Det måtte være så fullkomment som mulig, og med en velformet forgrening i toppen. Når de hadde de funnet et tre som holdt mål, kom de tilbake og meldte fra til den eldste medisinmannen.

Neste dag skulle treet felles. Fire unge jenter som aldri hadde vært nær en mann, var blitt utpekt til det oppdraget. Det var en stor ære, både for jentene og deres familier.

De dro avsted til lyden av trommer, rangler og fløyter. Fløytene de blåste i under dansen, er gjenklangen an Tirwanas røst. Trommene er universets bankende puls. Hestene var pyntet med lange remser av villvin og eføy. Mange hadde malt seg med krigsmaling, for de så på treet som en fiende de skulle felle.

De fire ungjentene hadde med seg en helt ny øks, som etter seremonien aldri ble brukt igjen. De hogg etter tur, fire hugg hver. Samtidig sang de unge krigerne om sine bedrifter. Skogstjerne forsto mye av tekstene i sangene – dette temaet gikk igjen:

> Heiheyheyhey
> Hester røver jeg
> Kvinner røver jeg
> Rød krigsmaling er min pryd
> Mange ørnefjær er min fryd
> Styrke i kamp er min dyd
> Som en mann uten frykt lever jeg
> Som en kriger uten frykt dør jeg
> Heyheyheyhey

I det treet falt, ropte alle det nifse krigsropet som brukes når en gir en fiende nådestøtet. Treet måtte ikke treffe bakken, seksten stolpebærere sto klar til å ta imot det. Alle var medisinmenn – fire fra Bjørneklanen, fire fra Ørneklanen, fire fra Ravneklanen og fire fra Ulveklanen. Nå måtte ingen andre berøre treet, skritte over det eller gå foran det.

Nå ble resten av seremonien ledet av den eldste medisinmannen. Han het Tordenfugl og bar et hodeplagg laget av fjær fra kalkun og skjære. De hugget av de fleste grenene på treet, men øverste rest av kronen fikk stå i fred. Alle sårflatene ble dekket av rød maling.

Denne midtsommerfesten hadde flere formål: De skulle takke Tirawa – Livets Herre - for at de skulle få en god avling og en god jaktsesong. Like viktig var det å be om at livet ble fornyet – at nye barn ble født - at de skulle ha lykken med seg når de kriget og at viltet ville komme tilbake hvert år. To dukker, sydd av skinn og fylt med maiskjerner ble bundet fast til treet. De forestilte en bøffelokse og en mann, begge var utrustet med en diger manndom som pekte oppover, klar til innsats for å avle nye slekter.

På festplassen var det gravet en grop til treet. Den var innsatt med maiskjerner og bøffelfett. Fettet var til ære for Broder Bøffel, som helt siden tidenes morgen hadde gitt stammen mat, klær og redskaper. En tverrstang ble festet til toppen av treet. Det var festet lange lærremmer til den. Aller øverst ble det bundet tøyremser i fire farger, for de fire verdenshjørner. Treet ble malt svart på den ene siden og hvit på den andre. Dette symboliserte dag og natt, sommer og vinter, og de gode og onde maktene i naturen.

Så ble alle stille. Treet ble reist i fire etapper. Deretter brøt jubelen løs. Mange tvilsomme vittigheter ble sagt om de to høypotente dukkene. Krigerne begynte så skyte piler mot dukkene. Skalden ledet så allsangen, som var en hyllest til treet:

> Der står vårt hellige tre
> I sentrum der alle kan se
> Hele stammen er her
> Fra fjern og fra nær
> Snart skal mange danse og be
> Tapperhet og gavmildhet
> Styrke og rettskaffenhet

Er dyder du skal vise nå
Så lenge vår himmel er blå

Skogstjerne hadde vært med på å reise Skyggehytta, der bomullspoppelen sto i midten. Det var en rund konstruksjon uten tak. De reiste 28 stolper i ring og dekket dem med furugreiner. Som vanlig var inngangen mot øst. Tallet 28 går igjen i mange sammenhenger: Krigere hadde 28 ørnefjær i sin fjærkrone når de dro ut i krig, en bøffel har 28 ribben, og det er 28 dager mellom hver fullmåne.

Et stykke vest i Skyggehytta ble det bygget et alter. Det var laget av hjorteskinn. Halvparten var rødt og resten var svart – dagens og nattens farger. De flettet en ring av greinene til bomullspoppelen. Inne i den la de fire bøffelkranier, som var pyntet med sirkler i fire farger: Rødt, gult, blått og svart. Alteret ble kalt Den hellige plassen.

Kvelden før dansen skulle begynne var ganske fredelig. Medisinmennene samlet seg for å be. De som skulle delta i dansen renset seg i badstuen.

Tidlig neste morgen var de fleste oppe for å hilse sola velkommen. De ba om godt vær, og danserne ble ønsket styrke og utholdenhet. Ungjentene hadde pyntet seg med kranser av kaprifolium og villvin. Dansernes medisinpakker hang i en snor om halsen. Der hadde de frisk salvie, fjær fra fire ulike fuglearter, pelsbiter fra fire ulike dyr, røtter fra fire ulike vekster, og ellers gjenstander som hadde magisk kraft. De danset for å øke stammens fruktbarhet og sikre stammens vekst.

Skogstjerne fikk utlevert en rangle laget av en bøffelhov. Inni var det 405 bittesmå steiner, fordi der var 405 ulike arter av trær og busker i nasjonen der de bodde. Disse småsteinene var krystaller de hadde funnet i maurtuer.

De sju unge menn som hadde lovet at de skulle delta i dansen, stilte seg nå i kø ved Den hellige plassen. En etter en la de seg på bakken. Fjorten spisse trepinner lå på alteret ved siden av noen stykker obsidian. Dette sylhvasse glasset er av vulkansk opprinnelse og ble brukt som byttemiddel, særlig blant stammene lenger sør.

Petalesharo bet tennene sammen da han følte to raske snitt i venstre brystmuskel. Det samme skjedde på høyre side. Så ble to pinner stukket gjennom snittsårene. Han ble hjulpet på beina og ført til sentrum av Skyggehytten. Her ble to løkker av dyrehud tredd rundt trepinnene. Løkkene var festet remser av bøffelhud som var bundet til tverrstolpen på bomullspoppelen. Så kunne soldansen begynne. Snart var det tre – fire modige unge menn som trippet rundt midtstolpen, slik at det rev og slet i de gjennomstukne brystmusklene.

De andre danserne hadde fått trepinner stukket gjennom rygghuden. I den andre enden av hudremmene hang det fire bøffelkranier på slep. Frisk gress var stukket inn i kraniene. Det kunne ta en hel dag eller mer før trepinnene sprengte seg løs fra de smertefulle sårene og danserne kunne hvile ut. De viste sin tapperhet ved å ikke vise tegn til smerte, gavmildhet ved ta på seg ansvaret for fremtidige seremonier, styrke ved å klare de strenge krav og rettskaffenhet ved at oppfylte de krav som trengtes til denne seremonien.

Petalesharo stirret på himmelen over furukvistene. Smertene i brystet var nesten ikke til å holde ut lengre, og inn i hodet hans var det som om solstrålene var glødende pilker som gjennomboret hele hans bevissthet. Bena verket av tretthet, tørsten plaget ham, og snart var han halvveis inne i en døs som var en mellomting av drøm og våken tilstand. Han danset automatisk videre og blåste i fløyten som var laget av et hult ørneben. Han ante at snart ville åndene gi ham en visjon.

For sitt indre øye så han en ulv som travet muntert av sted i skogen. Den forsvant bak noen busker – det hørtes et metallisk smell og noen hjerteskjærende ul som gikk over til en klagende klynking. Ulven dukket fra med den ene labben fanget i en fotsaks. Ulven ga seg til å gnage på fotsaksa – men til ingen nytte. Det så ut som om den ville gnage av det benet som satt fast i saksa.

Petalesharo var nær ved å døse av – men visjonen fortsatte. Han så en hvit mann som holdt på å plante epletrær på en rydning i skogen – så hørte han klynkingen til ulven. Han løp etter lyden og fant ulven i saksa. I neste øyeblikk var ulven fri igjen. Fotsaksa ble ødelagt med noen tunge steiner. Deretter ble den godt gjemt i en ur som var der. Ulven stoppet å slikke sine sår, den slikket mannens hender i stedet. Mannen plukket noen groblader, fant noen filler, la bladene på såret og forbandt det. Så la han ulven over skuldrene og bar den bort til sin leirplass. Fra en bekk hentet han vann. Og ulven drakk villig.

- Jeg kommer med vann til min tapre bror, sa Skogstjerne. Petalesharo våknet fra sin visjon og drakk fra en kopp i utskåret bøffelhorn. Hun tømte resten av vannet på en klut og fuktet hans panne, ansikt og hals.

- Nå har du lidd lenge nok, sa hun og gikk bak ham. Hun la armene rundt livet hans og dro alt hun orket. Snart brast de siste muskelfibrene i brystet hans, og begge falt overende i gresset.

Han la seg i skyggen av et lønnetre, og Skogstjerne plukket blader som stoppet blodet og fikk sårene til å gro fortere. Hun hentet litt tørket kjøtt og noen tørkede plommer. Han spiste det før han falt i søvn. Skogstjerne hentet et teppe av kaninskinn og la over ham. Så gikk hun tilbake til Skyggehytten for å se om der var flere som var tørste. Noen medisinmenn kom og så til danserne. Om der hang løse muskelslintrer, ble de skåret av og lagt ved bomullspoppelen. Der lå hudbiter noen hadde ofret.

En stund før Bestefar Sol gikk ned i vest var alle danserne kommet seg fri. Da var det tradisjon at de eldste i hver klan skulle fortelle hellige sagn og myter som var gått i arv fra slekt og slekt i uminnelige tider. Som vanlig åpnet de med fortellingen om da Tirawa, alle tings skaper, reddet to av menneskene fra å omkomme da han måtte utrydde en ond stamme som gikk sine egne veier og aldri viste respekt for Moder Jord og de skapninger som hadde sitt hjem der. Høvdingen, som het Lachelesharo, det betyr Knivhøvding – begynte å fortelle:- En dag gikk en ung indianer ut i skogen for å hugge ved. Den hvite bøffelkvinnen kom til ham og sa: Min sønn, du skal bygge deg en stor kano av lønnetre og furu. Den skal være tre favner bred, tre favner høy og seks favner lang, med et lokk i samme størrelse. Finn deg en kone med et godt rykte. Ta med dere fire sorter maisfrø, fire sorter bønnefrø og fire sorter gresskarfrø. Ta også med dere et uglepar, et ørnepar, et haukepar og et ravnepar. Og en bøffelokse og en bøffelku. Ta med mat og vann for en måne og ti dager. Kanoen skal dere tette med harpiks fra furutreet. Mange tordenfugler skal fly over jorden, og enorme mengder regn skal falle ned over landet. Slik skal vår skaper utrydde den onde stamme som vil ødelegge landet.

De gjorde slik Den hvite bøffelkvinne hadde sagt, og hun kom og la lokket over kanoen.

Regnet kom, og kanoen fløt sørover i ti dager, så vestover i ti dager, deretter nordover i ti dager og tilslutt østover i ti dager. Mannen åpnet lokket og slapp ut ørneparet. De kom tilbake med en tangvase i nebbet. Etter noen dager slapp han ut ravnene, de kom tilbake med vannliljer. Han ventet en uke og slapp ut uglene. De kom tilbake med sivblader. Ett par dager senere ble haukene sluppet ut. De kom tilbake med blader fra bomullspoppelen. Da skjønte de at vannet hadde sunket. De bosatte seg i en hule og begynte å dyrke de frøene de hadde spart på. Fuglene bygget reir og la egg. Da de ungene var voksne, viste den hvite bøffelkvinnen seg og omskapte to hvite ugler til mennesker. De ble foreldre til den hvite rase. To ørner ble forfedre til indianerne. Det samme skjedde med ravnene. De ble til den gule og den svarte rasen. Alle disse fikk mange barn og befolket hele verden.

Da skumringstimen kom, ble det lagt mer ved på bålet midt på leirplassen. Løpende Bjørn, som hadde ansvaret for å oppbevare fredspipen, åpnet posen den var pakket inn i. Han gikk en gang rundt bålet i samme retning som solen. En bit bjørkenever ble brukt til å tenne pipen, som var fylt med rød seljebark blandet med tobakk Han blåste røyk mot de fire himmelretninger og stjernene og jorden før han satte seg. Pipen ble sendt videre til alle i sirkelen – alltid i samme retning som solen. Skaftet var laget av leggbenet til en bøffelkalv, og hodet var skåret ut av rød pipeleiresten – som antaes å være forsteinet blod av mennesker som døde da den store flommen kom. Om skaftet var det bøffelull som ble holdt på plass av røde strimler av bomullstøy. En hårdusk fra en hestehale hang midtveis mellom munnstykket og hodet.

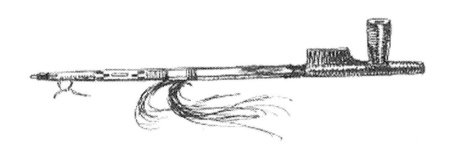

Trommeslagerne som hadde holdt på hele dagen uten stans, fikk nå avløsning. Trommingen fortsatte i samme monotone rytme uten stans hele natten gjennom.

En gammel giktbrudden indianer ble ført inn i gammen. Han kunne knapt gå – så han ble støttet av sine to sønner. Han satte seg med korslagte ben midt i sirkelen. To kurver med vill salvie ble båret inn. Det ble strødd på gulvet. Mange stakk en salviekvist i håret. En krans, laget av einer, salviegreiner og ryllik, ble lagt på bålet. Dette skulle rense luften. De fire jentene som hadde felt bomullspoppelen, gikk nå rundt og serverte de hellige matsortene: Bøffelkjøtt, mais, bønner og gresskar. Med dette symbolske måltidet følte de samhørighet med alt som Livets Herre hadde skapt. Nå var alt klart slik at helbredelsesseremonien kunne begynne. Skogstjerne satt helt urørlig og fulgte med i alt som skjedde. Hun hadde hørt tale om slike riter hos sitt eget folk, men hun hadde aldri vært tilstede før.

Nattens sol hadde for lengst kommet opp. En kunne høre lyden fra noen ugler og en natteravn. Gjennom ljoren i taket kunne Skogstjerne se de første stjernene bli tent på den bleke nattehimmelen. Tordenfugl gjorde seg klar til å begynne seremonien. Han hadde med seg to hellige steiner som han hadde funnet på en fjelltopp. En slik stein kunne sendes av sted for å finne ut hvor bøffelflokkene befant seg, om fiendtlige krigere var underveis, eller for å hente en helbredende urt. Disse steinene ble oppbevart i en skinnpose foret med ørnedun. De andre medisinmennene kom med remmer av ugarvet lær. De bandt hender og føtter på Tordenfugl. Han ble så pakket inn i en stor bøffelpels. Flere lærremmer ble bundet omkring ham. Til slutt liknet han en mumie. Noen guttunger dekket til ljoren i taket idet bålet ble slukket. Nå var det totalt mørkt i gammen. Skogstjerne syntes det ble litt nifst. Men den regelmessige trommingen virket beroligende. Snart begynte små lyspunkter å fly gjennom luften.

Noen følte at de ble berørt av en fuglevinge eller en pote, og av og til kunne en høre at en rangle fly gjennom rommet. Mange hørte lyden av åndestemmer – det var som om dyr eller fugler talte.

Den gamle pawnee-indianeren som søkte helbredelse – Gamle Ørn het han – opplevde at han ble kastet overende. Mens han lå slik, hadde han en visjon: Han så en diger ørn seile blant skyene. Plutselig foldet den vingene sammen og stupte ned mot bakken som et prosjektil. Den stoppet like før den nådde jorda og lot vingene feie over den syke. Han hørte en stemme si: - Nå er du helbredet, gamlefar. Så følte han at en underlig varme strømme gjennom hele seg – som om han var blitt truffet av lynet. Så mistet han bevisstheten. Noen tente bålet på ildstedet. Huden som dekket ljoren ble tatt vekk. Fire oljelamper i brent leire ble hengt opp på stolpene. Skogstjerne kunne se Tordenfugl sitte med korslagte ben – helt befridd for alle bånd og remmer.

Gamle Ørn begynte å kvikne til igjen. Han kom seg på beina – som nå så ut til å fungere som de skulle. Han ga seg til å synge en takkesang til høyere makter – mens han danset rundt bålet og priste Livets Herre – Tirawa for helbredelsen. Slik skulle han danse helt til morgengry – til Bestefar Sol dukket opp over horisonten i øst.

Skogstjerne ruslet hjemover sammen med vertsfolket. Hun tenkte på alt hun hadde opplevd denne dagen – men en tanke plaget henne: Hvordan var det gått med hennes søster som var blitt etterlatt alene ved elvebredden? Var hun i god behold – eller hadde noe tilstøtt henne etter at hun hadde blitt bortført? Hun savnet synet av landsbyen hjemme om kvelden – det brant lys i alle tipier og skygger på tipiduken beveget seg. Hun lå lenge og tenkte før hun sovnet.

5

Noen dager senere kom det et uventet besøk til landsbyen. De fremmede var hvite og to av dem var kledd i svart. De reiste rundt i underlige farkoster trukket av to hester. Disse seildukshus trillet på fire hjul. Indianerne kjente til hjulet, men de brukte det bare til leketøy for barna. De to andre i selskapet var ulik de to andre. De kom fra Europa – den ene var fyrst Alexander Pillip Maximilan zu Wies fra Tyskland. Han var oppdagelsesreisende og naturforsaker. Den andre – Karl Böhmer den eldre - var fra Sveits og var maler. Han laget malerier som skildret dagliglivet blant ulike indianerstammer. Han hadde studert kunst i sitt hjemland og i Tyskland.

Det så ut som om de kom med fred, så de ble ønsket velkommen. Snart ble de traktert med det beste de hadde. Skogstjerne var med og vartet opp. De to svartkledde fortalte at de reiste rundt og forkynte et gledens budskap som førte til evig liv Skogstjerne syntes at europeerne var de vennligste av gjestene. Hun passet på at de fikk rikelig av den beste maten.

Etter at de hadde hvilt middag, ble alle innkalt til et møte i Skyggehytta. Den eldste av misjonærene hadde et langt hvitt skjegg. Han reiste seg og sa: - Kjære brødre og søstre. Vi er glade for å være her i dag. Vi har reist langt, og vi bringer dere varme hilsener fra deres venner i Selskapet for evangeliets utbredelse i New England. Vi er ikke kommet for å ta deres land eller naturrikdommer, men for å lære dere hvordan dere skal tilbe vår skaper på den eneste riktige måten. Vi vil forkynne for dere Guds sønns sanne evangelium. Hittil har dere levd i mørke og uvitenhet som slaver av hedenskapet. Den som ikke vil omvende seg og angre sine synder, er på vei mot fortapelsen. Men i dag er nådens dag. Søk nåde før det er for sent. Vi har ingen løfter om at vi skal se morgendagen.

Tordenfugl var uenig i denne tankegangen: - Kjære venner og brødre! At vi møtes i dag, er Tirawas vilje. Han rår over alt, og lar sin sol varme oss i dag. Vi har alle hørt hva du har sagt. Det gleder oss at vi kan tale fritt, og vi har mye på hjertet.

Det var en tid da indianerne kunne kalle dette landet vårt. Tirawa har skapt dyr og planter som ga oss det vi trengte for å leve godt. Vi har alltid tilbedt vår Skaper på den måten vi har lært av våre forfedre. Du sier at bare dere hvite vet hva som er rett, og at hvis ikke vi mottar deres religion, blir vi meget ulykkelige i livet etter dette. Om mine forfedre skulle ha kommet til det onde stedet – ildlandet med svovel - skulle jeg da sitte på en sky og spille harpe? Nei – jeg ville være hos dem og trøstet dem og hjulpet dem. Hvordan kan vi vite om dette er sant? Din tro er skrevet i en bok. Hvis din tro var den rette tro for oss og dere, hvorfor har ikke Livets Herre gitt oss denne boken til oss og våre forfedre og latt oss lære kunsten å lese på vårt språk? Vi vet bare det dere forteller oss. Hvordan kan vi tro på dere – når vi så ofte blir narret av de hvite? Bror: Dere har et kors som et hellig symbol. Dette er et redskap for tortur og død – Guds sønn ble drept på et kors. Om en av våre profeter eller hellige menn ble drept etter deres metoder – kunne vi da bruke et gevær eller en galge som et hellig symbol? Bror: Dere hvite mener at dere bekjenner dere til Fredsfyrsten – hvorfor er det da så mye krig og ufred i deres forspor? Vi kan godt adlyde de ti lover som Den hellige hvite steinmann fikk på fjellet i Egyptens land. Vi lytter gjerne til hva Guds sønn lærte sine disipler. Men vi håper at vi aldri skal bli så onde som vi ser at de hvite er. Hvis en av våre skulle oppføre seg som dere, da ville han bli utstøtt av stammen og kanskje spist av ulv eller bjørn.

Nå tok Maximilian ordet: - Jeg må sitere kaptein Bonneville, som har reist mye blant mange stammer. Han sa: Å kalle disse menneskene religiøse ville bare gi en svak ide om det dype preg av fromhet og hengivenhet som preger hele deres atferd. Deres ærlighet er uplettet, og renheten i deres hensikter og deres deltagelse i religiøse seremonier er ytterst gjennomført og verdt å legge merke til. De er mer lik en flokk av helgener enn en flokk ville.

Så var det Knivhøvdings tur til å snakke: - Kjære hvite brødre! Vi forstår at deres religion ble gitt til deres forfedre, og så videre fra far til sønn. Slik er det hos oss også. Vi dyrker vår religion i full enighet og krangler aldri om den. Den lærer oss å takke Tirwana for alle de goder vi får, å elske hverandre og stå sammen. Bror: Vår Skaper har skapt oss alle, men der er stor forskjell mellom hvite og røde. Til dere har han gitt lese - og skrivekunsten. Vi håper at han snart vil åpne våre øyne for den kunsten. Når han har skapt så stor forskjell mellom oss i mange ting – kan vi da ikke tro at han har gitt oss forskjellig religion i samsvar med vår forståelse? Vår Skaper handler riktig. Han vet hva som er best for alle hans barn. I deres hellige bok står det: Salige er de saktmodige, thi de skal arve landet.

Vi har prøvd å være saktmodige, men hvem er det som arver landet vårt?

Knivhøvding tok en pause her. Forsamlingen tenkte over det han hadde å si. Så fortsatte han: - De hvite prøver å ta fra oss landet med lureri eller brutal våpenmakt. Vi kommer kanskje til å få noen små flekker med dårlig jord der det knapt er plass til teppene våre. Videre står det i boken, etter hva jeg har hørt: Salige er de fredsommelige, thi de skal arve jorden. Vi satte pris på å få besøk av et helt ukjent folk. Noen giftet seg med våre kvinner. Vi var fredsommelige da de første hvite krysset den store sjø og slo seg ned i våre nasjoner. Vi ga dem husly og lærte dem å jakte og å dyrke mais. De fortalte at de hadde rømt fra onde høvdinger i sitt land, eller at de sultet og hadde ingenting å leve av. Mange måtte flykte for å dyrke Gud på den måten de ville. Etter hvert ble de mange og de sluttet å være fredsommelige – de brukte våpenmakt for å tvinge oss vestover.

Han tok en neve sand og kastet opp i luften. Så sa han:
- Så mange måter har den hvite mann når han vil lure eller bedra indianerne. Slik er vår virkelighet – hvordan kan vi forstå løftet om at de saktmodige skal arve jorden?

Den yngste predikanten reiste seg og sa: - Kjære søsken – det siktes her til hvordan det skal bli på Den nye himmel og Den nye jord som skal opprettes når Fredsfyrsten kommer tilbake. Vi kaller det for Tusenårsriket. Det har vi en sang om. De fant fram en præriefele og en banjo:

En gang skal komme til vår jord
En tid med evig fred
Hvert sverd skal bli en vingårdskniv
Hvert spyd skal legges ned

Ulv, lam og løve skal en gang
I sammen beite på
De grønne enger overalt
Som en gang skal oppstå

Fra tronen strømmer det en elv
Som har krystallklart vann

Den golde ørken dyrkes opp
Og blir til fruktbart land

Der torner før har spredt seg fritt
Der vokser myrter nå
Sypresser skyter friske skudd
Der tistler pleide stå

Resten av sangen fortalte om de paradisiske tilstander en kunne vente seg. De hadde ikke noe særlig sangstemme og instrumentene kunne ha trengt å stemmes. Det ble stille en stund. Så reiste Tordenfugl seg og sa:

- Hvite brødre - du sier at dere ikke er kommet for å ta vårt land eller våre penger. Jeg har hørt om deres møter og vet at dere samler inn penger fra folk der. Jeg antar at pengene går til predikantene. Om vi skulle gå over til deres religion – ville dere da samle inn penger hos oss? Brødre – jeg vet at dere har preket for våre hvite naboer. Vi kjenner til dem. De er ikke gode mennesker. Vi skal vente en stund og se om dine prekener gir resultater. Om de blir gode og ærlige og slutter å lure oss indianere, da skal vi med glede ønske dere velkommen igjen. Brødre – vi ønsker ikke å ødelegge deres religion eller å ta den fra dere. Men vi vil gjerne ha vår tro i fred – slik vi er garantert i De Forente Staters Grunnlov. Når vi nå skal skilles vil vi be om at Tirawa vil beskytte dere på reisen så dere kommer trygt hjem. Men vi har ikke behov for besøk fra misjonærer. La oss få lov til å slippe det.

Men han med skjegget sa: - Jeg tviler på at de seremonier dere har kan kalles gudsdyrkelse. Det likner mer på gammel hedensk overtro.

Tordenfugl sa: - Det står visstnok i deres hellige bok at ikke en spurv faller til jorden uten at Gud vet det. Hva gjør han for å hjelpe de stakkars spurvene? Han har lovet å mette fuglene under himmelen. Men gjør han det? Mange fugler sulter i hjel hver vinter.

- Min venn, sa misjonæren. – Vi får spørre Vårherre om dette når vi en dag står foran hans åsyn og ser ham som han er.

- Jeg har hørt at ingen kan se Guds ansikt og leve, sa Tordenfugl.
- Gjelder ikke dette hans folk til evig tid?

Nå kunne ikke misjonærene svare. Det så ut som de ville heller bare gi opp å prøve omvende noen her.

Tordenfugl fortalte så en gammel legende fra tidenes morgen: - Vårt folk fikk besøk fra en fremmed som kom fra et land langt borte der solen går opp. Han hadde hvitt skjegg og hvite klær. Han hadde store kunnskaper om lover, skikk og bruk, kloke leveregler, vitenskap og mye annet. Mens han underviste her, ble maiskolbene store som små barn. Han lærte oss å dyrke bomull i mange farger. Da hans oppdrag var fullført, gikk han om bord i et himmelfartøy som tok han tilbake til morgenstjernen.

- Dette minner om noe jeg har hørt før, sa en av de svartkledde. – En misjonær som var lenge i Mexico hadde nesten samme historie.

Men kunstmaleren hadde lyttet til det som ble sagt. Han var temmelig irritert over misjonærenes nedlatende oppførsel. Han reiste seg og sa:

- Jeg har reist rundt blant indianerne i mange år og kjenner dem godt. Det er et folk som holder de ti bud – uten noensinne å ha lest dem eller hørt dem i en kirke. Det er et folk aldri banner eller sverger, og som aldri misbruker Guds navn. Det er et folk som elsker sin neste som seg selv. Det er et folk med en religion uten sekter og religiøs krangel. De tilber Gud uten å eie en bibel – og jeg tror at Gud elsker dem også. Det er et folk som aldri har løftet sin hånd mot meg eller stjålet noe fra meg, til tross for at de uten lover og straff. Det er et folk som aldri har kriget mot den hvite mann utenfor sitt eget land. De lever ærlig uten å ha lover, fengsler eller fattighus. Jeg elsker det folk som alltid har ønsket meg velkommen med det beste de har. Jeg elsker et folk som lever slik Gud har skapt dem, for da er de Guds barn. Jeg elsker et folk som lever uten låser og nøkler. Jeg elsker et folk som totalt mangler kjærlighet til penger og gods og gull.

Denne talen falt ikke i god jord hos predikantene. Den ene svarte: - Du er heldig som kan takke vår grunnlov for at du fritt kan uttale deg om ting du ikke har greie på. Men du vet kanskje ikke at grunnloven ikke gjelder for indianerne, da de ikke har rett til å bli borgere av USA?

Karl Bödmer svarte: - De innfødte har bebodd dette kontinentet i mange tusen år. Hvordan kan de da nektes borgerskap i sitt eget land? Det kunne ingen svare på. De svartkledde gikk om bord i sin prærieskonnert. Den ene sa: - Det er umulig å tenke seg at disse motbydelige skapninger skulle kunne omvendes til vår hellige tro.

Det er bortkastet tid å undervise dem i evangeliet. Alt hos dem minner om djevelens verk.

Så svingte de pisken over hestene som travet av sted. Men Maximilian og Bödmer ble igjen. Indianerne skjønte godt hvem som var deres ekte venner. De fikk bo i en gjestehytte som tilhørte bror til Knivhøvding. Mesteparten av dagen gikk med til å male. Han malte portretter av de eldste krigerne og deres koner.

Maximilian fortalte Skogstjerne at når han besøkte ulike stammer, måtte han alltid først male høvdingen. Deretter kom turen dem med høy rang i stammen.

Da han ville male kvinner og barn, lo de mye. Kvinnene også.

- Om du maler kvinner, kan du bare ødelegge bildene du har av oss, sa mange. - Kvinner har aldri dratt ut i krig, stjålet hester eller gjort noen ærerike bedrifter.

Han måtte fortelle at de bildene skulle henge nederst, nær gulvet. Det ble lange og mange forhandlinger før han fikk det som han ville.

Krigerne i mange stammer kjøpte bøker av misjonærene. De svartkledde ble forundret over at mange indianere kjøpte Martin Luthers samlede verker. De ante ikke at de tykke bøkene ble brukt til foring på baksiden av skjold. Slike skjold kunne ingen pil trenge igjennom. De trodde at bokstavene var sterk medisin.

Skogstjerne hadde nabo som hun ble godt kjent med. Hun het Bjørnemor og kom fra Bjørneklanen. Hun kunne mye om helbredende urter og hjalp de syke. Hun var også jordmor og hjalp til ved begravelser. Den døde ble vasket og iført sin peneste drakt. Ansiktet ble sminket med rødt og andre farger. Tilslutt ble den døde pakket inn i en bøffelkappe og ble lagt ned i jorden sammen med sine redskaper og våpen som han kunne trenge i neste liv. Om noen brakk en arm eller et ben, brukte hun fuktig lær om bruddstedet. Når læret tørket, ble en solid støtte til bruddet var helet.

Et par av barna hadde mistet sin far under siste bøffeljakt. Hun pleide å ta dem med når hun skulle samle planter til medisinsk bruk i skogen.

- Hvorfor kan ikke alle lære om planter som medisin? spurte Sorte Ravn. Hun ville gjerne ha svar på alt mulig.

- Tirawa holder mange ting hemmelig for de fleste, sa Bjørnemor.

– Bare de verdige lærer disse tingene. De som søker å lære om dette må be og faste.

- Men hvorfor gikk du forbi de plantene vi så i skogen – men graver opp de samme plantene her?, spurte Fjellfiol.

- Når vi høster bær, tar vi ikke dem som vokser i skygge i skogen.

– Nei, vi liker best bær som har fått mye solskinn. De er søtere og smaker bedre. Planter med medisinske egenskaper må vokse der det ikke er for tørt eller for vått. De må også ha mye solskinn for å være virksomme.

- Vil du lære meg om disse plantene? spurte Sorte Ravn.

- Vi får se når du blir større, sa Bjørnemor. – Du må være et godt menneske om du vil bli medisinmann. Hvis ikke, må jeg lære opp en annen.

Bjørnemor pleide å fortelle barna om pawneestammens tradisjoner. I dag var temaet det hellige tallet fire:

- Tallet fire står for menneskenes enhet: Den svarte, den hvite, den røde og den gule rase. Vi er alle brødre og søstre. Et menneskes liv er delt i fire: Barndom – ungdom – voksen og alderdom. Kan dere fortelle meg om de fire ting vi har over jorda?

Lille Grå Ugle svarte: - Ja – det er sola, månen, himmelen og stjernene.

- Du er flink, barnet mitt, sa Bjørnemor. – Vi deler også tiden i fire: Dag, natt, måne og år. Året deler vi også i fire: Vår, sommer, høst og vinter. Alt som vokser har fire deler: Rot, stengel, blader og frukt. Vi har fire elementer: Sol, vind, lyn og torden.

- Vinden blåser fra fire retninger, sa Svarte Ravn. – Det kalles også bønnens fire veier.

- Hva vet dere om sirkelen? spurte Bjørnemor.

- Den er hellig, svarte Sorte Ravn. – Sola er rund, månen er rund, og fuglefolkets reder er runde.

- Og eggene er runde, sa Fjellfiol. – Det er også våre tipier som vi bruker når vi er på jakt om sommeren. De hvite har fortalt oss at jorden er rund. Og sola går rundt jorda.

- Nå har dere vært flinke. Det var alt for i dag, sa Bjørnemor. - Neste gang skal vi snakke om Morgenstjernen og Aftenstjernen.

Enkelte nybyggere hadde hørt om Bjørnemor og kom til henne for å få hjelp. Hun laget et brygg av pilebark og seljebark – det hjalp mot hodepine. Revebjeller hjalp mot hjerteplager. Hun brukte tørket rotterot mot løs mage. Litt kull fra bålplassen hjalp også. Ved urinveissykdommer brukte hun avkok fra vidjens indre bark og einerbær. Saft fra tranebær hjalp også. Tygget lilla kornblomst var godt mot slangebitt. Sommerfuglplanten kunne fremkalle brekninger. På skrubbsår og kutt brukte hun den indre bark på lerketreet. Det hindret betennelser og fikk såret til å gro hurtigere. Hun brukte også knust hvitløk blandet med bøffelfett mot betennelser. Hvitløk hjalp mot skjørbuk. Var det noe innvortes, brukte hun tobakksrøyk – hun hadde et rør av stivt lær som hun stakk inn i bakenden på den syke. Så ble tobakksrøyk blåst inn. Noen hvite som mislikte tobakk sa spøkefullt at endelig hadde de noe nyttig å bruke tobakken til. Mange hvite brukte etter hvert denne metoden - de opplevde at det hjalp.

Bjørnemor fortalte at hun hadde en gang to ponnier som hun hadde et nært forhold til. De to hoppene var bestevenner og holdt sammen i tykt og tynt. Særlig den ene – Myk Mule – var noe for seg selv. Litt av en skøyer med stadig nye rampestreker. Det så ut som den moret seg når noen ble lurt. Den hadde en hvit stjerne i pannen, hvit pels over hovene, og en stor oval svart flekk over ryggen der en sal skulle ligge. En hvit nesten firkantet flekk dekket høyre skulder. Ved haleroten var en svart flekk.

De to hoppene fikk hvert sitt føll på samme tid. De passet godt på føllene sine. Men så ble Myk Mule syk og døde. Den andre hoppen – Grå Mule – sørget i lange tider over tapet av sin venn. Den adopterte det morløse føllet og mange trodde de var tvillinger – de hadde samme far.

Så gikk det to år. Grå Mule fikk et føll igjen. Bjørnemor ble svært forundret da hun så det nyfødte føllet. Alle føll fra den hoppen pleide å være grå. Men dette føllet hadde hvite sokker, en hvit stjerne i pannen og en stor svart flekk over ryggen. Den hvite flekken på høyre skulder manglet heller ikke. Det var som å se Myk Mule. Da det nyfødte føllet fikk se Bjørnemor for første gang, glemte det å die og forlot sin mor og løp mot Bjørnemor og viste stor gjensynsglede. Grå Mule ble irritert og kom og viste sin misnøye – det var hennes føll. Det markerte hun tydelig.

Bjørnemor sa: - Myk Mule er kommet tilbake. Den er født på nytt.

Da føllet vokste opp, hadde det de samme egenskaper som Myk Mule. Ertete og full av rampestreker. Bjørnemor var ikke i tvil.– Myk Mule er gjenfødt, sa hun.

I sin ungdom hadde Bjørnemor av og til kontakt med en hvit sauegjeter et stykke unna. Han var irsk og het Jack O'Malley. Ryktet ville ha det til at han hadde danset med ulver. Han laget ost av sauemelk og dro hver uke til handelsstedet med osten og kjøpte proviant, pipetobakk, skråtobakk og det han ellers måtte trenge. Osten var mye etterspurt – mange likte den. Han hadde to muldyr som var til god hjelp. En dag da han kom tilbake til sauene sine etter en tur til handelsstedet, møtte han et trist syn: Tre sauer var drept av rovdyr, noen var syke av å ha spist giftige planter, og noen lå hjelpeløse med oppsvulmede mager. Han stakk hull på de digre vommene og hjalp sauene på beina. De ga seg til å beite uten å vise noe tegn på ubehag. Han tenkte da: - Jeg vil aldri mer reise fra dyrene mine. De må passes på hele tiden.

Etter ti dager hadde han et stort lager av ost og nesten ingen mat igjen. Han skrev et brev til kjøpmannen og fortalte hva han trengte. Muldyrene fikk osten i digre salvesker og mannen sa: - Nå må dere gå alene til kjøpmannen. Kom rett hjem etterpå.

Så dro dyrene av sted. Han kunne høre bjellene en stund før de forsvant i det fjerne. Han kunne gå og holde et øye med sauene. Han hadde to hunder – av rasen Border Collie. De var til god hjelp for sauegjeteren.

Han var urolig neste dag. Ville muldyrene stikke av og nyte livet i frihet? Trolig ville noen finne muldyrene og bringe dem tilbake. Han angret på at hadde vært lettsindig og sendt muldyrene avsted alene. Utpå ettermiddagen hørte han en lyd som var som musikk i hans ører. Det var lyden av muldyrenes bjeller. Dyrene var på vei hjem. De hadde med det han bestilte og et brev fra kjøpmannen – en vennlig hollender som het Paul Jelis Moesman - der sto:

-Wees gegroet oude vriend. Her er varene du bestilte. Dine medhjelpere gjør en fin innsats. Du kan være stolt av dem. Jeg ville by dem inn på et glass øl, men de hadde ikke tid. De er velkomne tilbake en annen gang. Hartelijke groeten Paul Jelis Moesman. P.S. Du får en flaske med noe godt i for min regning.

Det var en flaske *Oude Hollandse Graanjenever. En flaske sjenever ble satt like stor pris på som irsk whisky.*

Den dagen fikk muldyrene ekstra god forpleining. Muldyr er glad i mais og bønner. De forsto at de hadde gjort en god innsats. Begge parter var godt fornøyde.

Tåken ligger over en sjø utenfor landsbyen. En solstråle gjennom trekronene opplyser to brudeender som svømmer over vannflaten. Hannen har tre flotte farger: purpur, metallisk grønt og rustrødt. Hvite streker deler kroppen og hodet i geometriske former. Hunnen har hvit strupe og hvite øyeflekker. Ellers er fjærdrakten brunspettet. Nå er de opptatt med en seremoni som skal gjøre dem til et par. Snart står paring for tur – så finner de en passende redeplass.

Sauegjeteren dro tilbake til sine egne og kom ikke tilbake mer. Han visste ikke at seks – sju måner senere ble han far til en jente. Hun fikk navnet Lille Lam. Hun var hele tiden med sin mor og lærte om medisinplanter. Hun var stadig samen med Skogstjerne og lærte henne det hun kunne om nyttige vekster.

Bjørnemor hadde hatt en tam trompetertrane. Hun hadde funnet et tranereir med to unger i. Hun visste at ofte greide de knapt å skaffe mat til to unger. Hun tok med en kylling hjem og matet den med mark og snegler. Den fikk av og til kjøttbiter. Da spaserte den til elven og vasket og rullet dem i sanden før hun spiste dem. Tranen trivdes og vokste. Den hadde hvite fjær – på toppen av hodet var det en rød flekk og vingespissene var svarte ytterst. Om sommeren sov den ute – men om vinteren kom den inn hver kveld. Når noen spilte på fløyte kom den og sto og lyttet. Av og til danset den om musikken var livlig. Var musikken trist, senket den hodet og så sørgmodig ut. En gang kom tranen og flakset og skrek og var svært opphisset. Bjørnemor fulgte med den ut i skogen. Der hadde en kalkun kilt hodet fast mellom en gren og stammen. Kalkunen ble sluppet fri. Da viste tranen stor glede og danset rundt og kastet små pinner opp i luften.

En annen gang hadde tranen stukket det spisse nebbet ned i et eple. Der satt nebbet fast. Den gikk rundt og ba om hjelp. Tilslutt var der en som forbarmet seg og tok eplet av. En høstdag landet det traneflokk på et jorde der. Tranen fant seg da en partner og kom ikke tilbake mer.

Bjørnemor hadde en katt som var litt uvanlig. Den hadde lang pels i svart, hvitt og rødt. Hun hadde byttet den til seg fra en norsk nybygger som var på gjennomreise. Han likte godt en tam vaskebjørn hun hadde. Han hadde en katt med to unger og kunne godt unnvære en. Katten hadde hatt et romantisk eventyr med en hannkatt underveis på reisen vestover. Mannen fortalte om en gang han hadde

vært og arbeidet på sin åker. Da kom katten og mjauet og prøvde å få ham med seg. Han fulgte etter katten – snart så han hva som var problemet: En søye hadde fått tvillinger på en smal berghylle og kunne ikke komme ned alene. Han hentet hjelp og snart var dyrene nede på trygg grunn. Den dagen var skogkatten stolt over sin innsats. Men så ble han rammet av en tragedie: Kona på husmannsplassen fikk tæring og døde. Sognepresten ga han noen timer i engelsk og en lærebok i språket for mannen ville starte på nytt i Amerika. Han solgte alt han eide for å emigrere. En godhjertet gårdseier ga ham en god pris for sauene. Men katten ville han ha med til USA. Så fikk han billett med dampskipet Savannah fra Georgia. Skipet var innom Arendal der han gikk ombord. Ansvaret på broen hadde kaptein Moses Rogers og hans svoger kaptein Steven Rogers som hadde ansvaret for seilføring. Når matrosene hadde frivakt oppsøkte nordmannen dem for å lære mer engelsk. Nordmannen hadde en torader og underholdt med gamle skillingsviser. Sjømennene lærte ham et par sjantis og
noen drikkeviser. En av dem var fra Irland – her er noen vers:

I do care where I end up when I die
I do care where I end up when I die
To the mansion in the sky
Or the hot place where I'll fry
I do care where I end up when I die

We may never get no brandy when we die
We may never get no brandy when we die
So let us drink up all our liquor
Our demise may then come quicker
We may never get no brandy when we die

Many pubs will have to close when I die
Many pubs will have to close when I die
I've been boozing, chasing ladies
Sired a few half orphan babies
Many pubs will have to close when I die

Not a sermon will be kept when I die

Not a sermon will be kept when I die
The whole parish will be frisky
Singing songs and drinking whisky
Not a sermon will be kept when I die

I will gamble with St. Peter when I die
I will gamble with St. Peter when I die
A few tricks will be quite handy
When I cheat him for a brandy
I will gamble with St. Peter when I die

There will never grow no flowers on my grave
There will never grow no flowers on my grave
But a bush of holy holly
Always keep me high and jolly
There will never grow no flowers on my grave

When I enter Pearly Gate some future day
When I enter Pearly Gate some future day
I will never have to worry
I will never more be sorry
When I enter Pearly Gate some future day

Many angels will be waiting at the gate
Many angels will be waiting at the gate
They will bring me golden roses
Picked by Noah and by Moses
Many angels will be waiting at the gate

I den opprinnelige teksten het det : " I don't care where I'll
        end up when I die ". Men nordmannen hadde gått på
søndagskolen og hadde sin barnetro i behold. Så han forandret
teksten til " I do care where I 'll end up when I die "

    Teksten ble funnet i Danmark hundre år senere og gjendiktet på
dansk. Den ble kortere enn den irske originalen. Og ikke like god.
        På turen over Atlanterhavet ble det uvær – en brottsjø feide
katten over bord. De fleste ville vel ha latt katten seile sin egen sjø

– men ikke kaptein Rogers. Han snudde skipet og satte en livbåt på vannet. Det var et farlig oppdrag – men de ville redde sin kamerat som kjempet for livet i de salte bølgene. Det var stor jubel da katten ble brakt trygt ombord.

Den dagen brukte katten opp flere av sine ni liv. Turen over Atlanterhavet tok 28 dager – de var uheldige og fikk mye motvind.

Dette ble Savannahs siste reise. Skipet gikk ned ved Long Island kort tid senere.

Mannen var døpt Haavard Elvestuen. I USA tok han navnet Howard Riverstone. Katten Sussie fikk også nytt navn i sitt nye hjemland – nå het den Suzy.

Skogkatten holdt landsbyen fri for rotter og mus – og den hadde en særegen vane: Hver morgen gikk den på sin runde i landsbyen og hilste på folk. Om noen lå og ventet på siste reis, så la den seg hos den syke for å holde pasienten med selskap inntil sjelen forlot legemet og begynte på sin lange reise til Melkeveien. Det pleide å skje et par timer senere.

Bjørnemor undret på om katten var tankeleser. Stadig vekk var det mye som tydet på det. Når det begynte å bli mørkt, tenkte hun: - Undres på om katten kommer hjem snart?

To-tre minutter senere dukket katten opp – det slo aldri feil.

En gang hadde Bjørnemor en pasient hun ikke kunne hjelpe: En ung jente hadde et plagsomt sår bak øret som ikke ville gro. Ingen salver hjalp. Men en dag fant katten på noe: Den dyttet bort håret som dekket øret og ga seg til å slikke på såret. Jenta følte seg straks mye bedre. Smerten var borte. Hun ble straks i godt humør. Etter en uke var såret nesten borte.

- Det er nok en medisinkatt du har, sa jenta.

Det var en kvinne i stammen som var ulik de andre: Hun hadde rødt hår og lys hudfarge. Hun fortalte at hun het Valerie Macleod og kom fra Skottland. Hennes familie og følge hadde blitt drept av indianerne. Hun og en annen kvinne – Victoria - hadde blitt tatt som fanger av pawneene. Hun var blitt boende hos en gammel mann som ofte drakk seg full og mishandlet henne. Hun måtte da søke hjelp hos naboene.

Victoria var nærmest som en slave hos mannen. Hans eldre søster plaget jenta så ofte hun fikk anledning. Hun pisket jenta og brukte de verste skjellsord du kan tanke deg. Så en dag tok jenta en klubbe med steinhode og slo henne i hodet to – tre ganger. Den fæle kjerringa ble liggende i koma i nesten en uke. Hun var temmelig spak da hun omsider våknet. Jenta hadde ventet å bli drept etter denne episoden. Men den gamle mannen moret seg godt og begynte å behandle henne bedre. Hun ble respektert nå som hun hadde rykket opp i hakkeordningen. Men hun ble fortsatt satt til tungt og skittent arbeide. Hun stolte på hjelp fra Herren og leste i en bibel hun hadde fått en ung kriger. Hun trøstet seg med hva hun leste i Jeremias 31 – vers 16 og 17: - Så sier Herren: - Hold opp å gråte. Tørk tårene fra dine øyne. Du skal få lønn for ditt strev, sier Herren. – Du skal få komme hjem fra fiendeland. Det er håp for din fremtid, Guds barn skal vende hjem til sitt land.

En dag hadde Victoria fått nok. En mørk natt tok hun en hest og klarte å rømme. De dro ut for å finne henne. Men hun hadde lært å skjule sine spor og ble aldri funnet. Valerie var blitt gift med en ung mann her og fått to barn. Hun var glad i sin mann og ville aldri tenke på å reise fra sin familie. Hun fortalte at hun savnet sine egne, men nå var hun vant til livet her.

Valerie godtok alt slitet en indianerkone måtte finne seg i. Men hun syntes at mennene her var nokså dovne – de ville helst jakte og krige. Hun lærte bort kunsten å lage haggis og en del skotske retter. Hun holdt skole og mange lærte engelsk og å skrive og lese.

Barna hennes – Lille Ravn og Morgensol – tok seg mye av Skogstjerne. De hadde gråblå øyne og håret var ikke helt svart. Begge hadde lært å snakke morens morsmål. Det hendte at de var tolker når de fikk besøk av hvite. De moret seg over at barna snakket engelsk med en tydelig dialekt fra en bygd nord i Skottland.

Slik gikk dagene. Etter fire – fem måner kunne hun forstå mye av det fremmede språket og lage enkle setninger. Hun lærte navnene på alle i landsbyen, og da det nærmet seg midtsommers, begynte de å forberede en fest de kalte Midtsommerfesten. Den ble holdt i Månen – Når – er – nettene blir korte - ved fullmåne. I hennes stamme holdt de fester for å takke høyere makter for den hjelpen de hadde fått. Her ble festen holdt til ære for Maisgudinnen og Morgenstjernen.

Valerie fikk innført noe nytt i landsbyen: Det ble bygget fire utedoer – en for hver himmelretning. De i øst og vest var ekstra fine – begge var tosetere. Det var første gang i historien at en utedo så ut som en tipi. Annen hvert år ble de flyttet noen meter – alltid i samme retning som solen. Det ble plantet et eiketre eller hickorytre der utedoen hadde stått.

Folk i landsbyen viste tydelig at de satte pris på nybyggene.

På en eng i skogen lå en halvspist liten hjortekalv. En coyote hadde drept den. Men så kom en ulv og overtok åtselet. Da den var mett, kom et ravnepar og forsynte seg. Men en ung ravn hadde sett dette – den fløy til treet der flere dusin ungfugler var samlet. De hadde ikke funnet seg en make og etablert sitt gevir. Den fikk med seg en flokk og jagde ravneparet vekk fra matfatet. Nå kunne de fråtse i fersk kjøtt.

En dag kom det en flokk soldater til landsbyen. De kom med fredelige hensikter – de hadde hørt at en hvit dame var fange her. De sporet opp Valerie og ville kjøpe henne fri. De tilbød 400 dollar. Men hun nektet å reise fra sin familie. Det ble lange forhandlinger – blåjakkene ville nødig reise hjem med uforrettet sak. Landsbyrådet mente at Valerie måtte velge selv. De sa nei til å motta en stor pengesum for å få henne med. Valerie ville aldri dra tilbake til de hvite. Hun hørte til blant pawneene. Hun visste hva hun kunne vente blant sine egne – en ektemann ville ikke ta tilbake en squaw som var besudlet av røde niggere. De hvites samfunn ville ikke gi henne et liv som var verdt å leve. Hun var glad til da soldatene reiste.

6

Maximilian og Bödmer ble boende lenge i landsbyen – helt til Månen - når – rimfrosten - kommer. De hadde besøkt mange nasjoner og snakket flere språk.

Skogstjerne fulgte dem trofast overalt, hun hjalp til med å bære malersakene, og ofte satt hun modell. De pratet mye om alt mulig, og maleren fortalte mye om de hvites verden, som han hadde lite sans for. Han fortalte om en gang hadde han malt en krigshøvding i mandannasjonen. Et par dager senere var han på jakt – han kom bort fra de andre en liten stund. Da ble han overfalt av noen fra en fiendtlig stamme. Men han slapp uskadd fra sammenstøtet. Han ga maleren æren for at han overlevde i en så farlig situasjon. Han trodde at den store hvite høvdingen og medisinmannen hadde æren for det. Å bli malt var sterk medisin. Han ga Böhmer en flott hest som takk for hjelpen. Skogstjerne betrodde ham sine sorger og bekymringer. Mest tenkte hun på om alt sto godt til med de nærmeste i hennes egen stamme.

- Kanskje kan du få svar på dine funderinger, sa Maximilian. – Vi går og snakker med Tordenfugl. Han er sjaman som kan mange kunster. Jeg tror han kan hjelpe deg.

Tordenfugl ville gjerne gjøre Skogstjerne en tjeneste. Han lyttet forståelsesfullt mens hun forklarte at hun var bekymret for sin familie og ville gjerne vite om alt sto godt til.

- Kom tilbake i kveld når Bestefar Sol går ned i vest, sa han. Han gikk inn i gammen sin og begynte med en hemmelig seremoni. Han la et stort skinn av en gråbjørn på gulvet - rundt det la han en sirkel av salviekvister. Han satte seg på skinnet med korslagte ben, foldet hendene og begynte å nynne på en eldgammel sang. Snart sank han sammen og ble liggende som livløs midt i sirkelen av salviekvister. En stund senere fløy en svart fugl opp gjennom ljoren i Tordenfugls gamme.

Den kretset noen ganger over Skogstjerne som lekte med barna i utkanten av landsbyen, før den satte kursen mot syd-syd-vest. Det var retningen til hennes nasjon.

Maximilian og Bödmer satt rundt leirbålet og pratet med de eldste i stammen. De snakket om predikantene som reiste rundt og forsøkte å vinne sjeler. Knivhøvding mente at de var mer til skade enn til nytte.

- De har ikke noe særlig dannelse heller, sa han. - En gang hadde vi besøk av en sånn type, han fortalte oss om skapelsen, Adams fall og arvesynden. Vi lyttet interessert og takket pent etterpå. Så fortalte jeg en av våre legender, om hvordan maisen ble skapt. Da jeg var ferdig, sa misjonæren med forakt i stemmen: - Jeg bringer dere det hellige evangelium. Dere har bare gammel overtro som knapt kan kalles religion.

- Min hvite bror, svarte Knivhøvding. – Du har ikke lært noe særlig om takt og tone. Vår religion har lært oss å leve som et folk med dannelse – men en slik god egenskap mangler i din. Vi lyttet med respekt til det du hadde å fortelle – vi hørte andektig til det du hadde å si. Men du hånlo da jeg var ferdig. Vi må jo tro at vår religion er bedre enn deres – ikke sant?

- Jo – det stemmer nok det, sa kunstmaleren. – Det står skrevet i Den hellige skrift: På fruktene skal treet kjennes.

- Kloke ord, sa Knivhøvding. – Dersom vår skaper hadde ønsket at jeg skulle være hvit, så hadde han skapt meg hvit. I ditt hjerte har han lagt bestemte ønsker og planer, i mitt hjerte andre. Hvert menneske er godt i Tirawas øyne. Han har aldri ment at ørner skal bli kråker. Eller at hester skal bli til esler. Et hvert folk skal trives med den religionen de har hatt siden skapelsen.

- Du nevnte hesten, sa Maximilian. – Har dere en legende om hvordan hesten kom til menneskene?

- Det har vi, svarte Gamle Ørn. – I tiden før hesten kom til oss, var livet mye tyngre enn nå. Vi hadde bare hundene til kløvdyr, og bøffeljakten var ofte livsfarlig. Mang en ung kriger mistet livet eller ble skadet når vi jaktet på bøfler. En sjelden gang så vi en hvit bøffelku. Et slikt skinn kunne være verdt 10 – 15 hester. Vi jaktet helst på kviger og unge kuer. De gamle bøflene hadde seigt kjøtt og ofte var pelsen litt dårlig.

Skogstjerne kom og satte seg ved siden av Bödmer. Hun lyttet alltid når noen fortalte historier. Han fortalte at da han var liten hadde de en bondegård. Han fant en dag i skogen en skadet hønsehauk. Den ble plassert i hønsehuset. Etter tre måneder var den frisk og kunne slippes fri. I denne tiden rørte den ingen kyllinger eller høns. Men i hønsehuset var der ikke lenger mus eller rotter som hadde blitt fete på hønsefor.

Gamle Ørn tente pipen sin og satte seg godt til rette. Så

begynte han å fortelle: - For mange vintre siden brøt det ut en pest i en landsby i en nabostamme. Både unge og gamle døde, og de fleste ble syke. En ung kriger, Grå Ulv, hadde en kone som han elsket over alt i verden. Da hun ble syk, gikk han ut i skogen i håp om å finne en urt som kunne gi helsen tilbake til de syke i stammen. Han kom til en eng. Der var der en sirkel i gresset. Men der var ingen fotspor til og fra sirkelen, så det var et mysterium hvordan den var blitt til.

Snart traff Grå Ulv coyoten og spurte: - Bror Coyote. Fortell meg hvor jeg kan finne helbredende urter til mine syke stammefrender?

Men coyoten kunne ikke svare – den gikk sin vei, trist til sinns. Grå Ulv var sliten og falt i søvn under et vindfall. Snart kom alle fuglene og dyrene i skogen hit. Alle syntes synd på Grå Ulv. De husket ar han alltid var snill mot sine medskapninger, og at han bare drepte et dyr når han trengte mat eller klær. Han var glad i blomstene og trærne og beskyttet dem så godt han kunne. Alle som bodde i skogen ville hjelpe sin bror blant menneskefolket. De sendte bønner opp til Livets Herre om at han skulle gripe inn. De ble bønnhørt og en drøm ble sendt til Grå Ulv: Han drømte at han sto i ringen i gresset og hørte vakker sang.

Han så opp, og en underlig farkost dalte ned fra skyene. Det var en stor rund korg, flettet av vidjer. I korgen var det fire vakre jenter fra Stjernefolket. De ba ham være med, og den underlige farkosten steg til værs. De landet ved en foss som var dekket av is.

- Dette er Det helbredende vanns foss, sa jentene. – Bank hull i isen og ta dette vannet med til ditt folk. Da skal de få tilbake sin helse. Men vi har en oppgave til deg. I morgen skal det komme en hest opp av innsjøen her. Lag deg en lasso og fang den. Den vil bære deg hjem til din stamme, og en hærskare av unge hester vil opp av innsjøen og følge etter deg.

Grå Ugle våknet og husket drømmen. Han brukte noen dager på å finne fossen han hadde drømt om. Han fant en spiss stein og fikk banket hull i den frosne fossen og badet i vannet. I neste øyeblikk var han uthvilt og sterk. Han hadde med seg to vanntette skinnsekker. De fylte han opp med vann fra fossen.

Neste morgen gikk det som jentene hadde sagt. Han kom hjem til landsbyen med hele hesteflokken. Han ga sin kone litt av vann et fra fossen og vasket hennes hender og føtter. Hun falt i søvn. Da hun våknet, var hun helt frisk. Alle syke fikk samme behandling, og snart var pesten bare et vondt minne. Alle var fulle av undring over en slik vidunderlig helbredelse og over de vakre dyrene de kunne ri på og dra på jakt med. De ble glad i hestene og snart var de avhengig av dem.

Grå Ulv ble kalt Helbredende Vanns Høvding. Men i dag vet ingen hvor fossen var.

- Det var underlig å høre om den flygende vidjekurv, sa Maximilian. Vi har en liknende beretning i vår hellige bok – profeten Ezekiel blir tatt med på en lang flytur i en farkost av blankt metall med lyd som fra mange fossefall.

De hørte lyden av vingeslag. De så en svart fugl forsvinne ned i ljoren i gammen til Tordenfugl. En kort tid senere kom sjamanen ut av gammen sin. Han satte seg ved siden av Skogstjerne.

- Dine nærmeste er ved god helse, sa han. – Jeg tok med litt pynt fra din lillesøsters vuggebrett. Husker du hva den var pyntet med?

- Det husker jeg godt. Den hadde en rad med perlebroderier øverst, og blant perlene var det stukket inn hvite og blå dun.

Sjamanen åpnet sin høyre hånd. Der lå en blå og en hvit liten fjær.

7

Skogen hadde begynt å få sine høstfarger. Lønnetrærne pyntet seg med rødgule blad – bare nåletrærne beholdt sin grønne farge hele året. På en liten slette i skogen løp en ulv i ring – forfulgt av en sint wapitihjort. Støvskyer sto i været – der en mor angrep en ulv som ville ta wapitihjortens kalv. Ulven var redd for å bli skadet av hvasse klover – så den prøvde å utmatte sin motstander ved å løpe rundt en stor einer. Men snart fikk den et par kraftige spark i bakparten så den falt overende. Den kom snart på beina, men blødde og hinket. Nå snudde den seg og glefset mot hjorten. Dette kunne bli farlig – en ulv er en fryktelig motstander. De lange hopptennene kan bite gjennom det seigeste skinn og rive opp strupen med et par raske hugg.

Men denne gangen trakk ulven det korteste strå; et kraftig spark gjorde ulvens kjeve ubrukelig. Dermed var kampen over – ulven prøvde å luske vekk med hodet i en forvridd stilling. Men hjorten ga seg ikke – den gjorde et par byks og landet på ulven. Klovene trommet – snart lå ulven der livløs. Wapitihjorten gikk bort og kjælte for kalven sin. Morens tapperhet hadde beseiret et av de grusomste rovdyr i villmarken. Så ble det stille i skogen – bare fugler og insekter kunne høres.

Petalesharo sto opp tidlig denne klare høstdagen. Han sto en stund med ansiktet vendt mot øst og sugde til seg krefter fra sola. Denne dagen skulle de til handelsstasjonen og bytte til seg kaffe, sukker, ulltepper, kniver og gryter. Som byttemiddel hadde de pelsverk, håndarbeid og fire flekkede mustanger de hadde temmet. Hans onkel, Svarte Ørn og noen fra stammerådet skulle også delta i ekspedisjonen. Onkelen hadde advart dem mot å spise maten de hvite hadde, for den kunne gjøre dem syke eller føre til at de mistet håret. - De gamle hvite har en skalle så blank som et bøffelkranium, sa han. - Da var det umulig å skalpere en slik mann. De har råtne tenner som faller ut, og de har en ånde som stinker av sau og geit. Husk på: De hvite vil kjøpe billig og selge dyrt. Men våre varer er verdifulle, så ikke la dere lure.

En varsler fløy gjennom skogen på jakt etter mat. Den kunne se en sommerfugl på 100 meters avstand. Den pleide å leve av insekter, larver, mus, frosker og småfugler. Mange steder ble den kalt slakterfugl. I dag fikk den øye på en liten svale. Den innhentet svalen i luften, fanget den i klørne - så begynte en kamp på liv og død. De landet på bakken – da var kampen snart over etter et hakk i nakken. Foran i nebbet var en spiss – den drepte byttet øyeblikkelig. Svalen ble delvis spist opp – resten ble parkert på en pigg i en tornebusk til senere.

Med fullastede hester dro følget av sted. Gjestene fra Europa fulgte med over halve veien. De stanset av og til for la hestene få drikke vann og beite langs de grønne engene langs elva. De spiste medbrakt mat under et lønnetre mens de lyttet til Svarte Hauks formaninger: - I morgen må ingen røre eller kjøpe en dråpe ildvann. La de hvite få beholde sin dårlige medisin, sa han. De hvilte en stund under et lønnetre. Da så de at en rødstjertvåk satt i et annet tre og holdt øye med et musehull ved roten til en råtten eik. Den lagde noen pipelyder for å lokke fram en nysgjerrig gresshoppemus. Det virket – en liten mus kom ut for å se hva det var. I neste øyeblikk hadde rødstjertvåken fanget dagens måltid, og skogen var en gresshoppemus fattigere.

Like før gjengen skulle slå leir, så de at en arbeidsgjeng drev på med å bygge en vei vestover. Nå holdt de på med en bro som var nesten halvferdig. Et stykke unna sto et skur der røyken steg opp fra pipa, og noen underlige mennesker i merkelige klær gikk inn og ut.

De lå lenge skjult og stirret på de rare menneskene som hadde skjeve øyne og en annen hudfarge enn de hvite. Under en rund, nesten flat hatt hang en lang tynn flette med en sløyfe nederst.

- Kanskje det er den hvite manns kvinner, sa Bøffeljeger. Det ser ut som om de lager mat til arbeidsgjengen, og også hos de hvite er matlaging arbeid for kvinner.

- Å nei da sa Svarte Ørn. – Jeg har sett hvite kvinner. De ser ikke slik ut. Det er nok mennesker av en annen rase, og de hvite har røvet dem og tatt dem til slaver.

- Godt mulig, sa Bøffeljeger. – De hvite hal stjålet land fra oss, de ekte menneskene, og da kan det godt hende at de også stjeler mennesker fra det landet de tilhølel.

- Vi må finne ut av dette, sa Petalesharo. Han var alltid nysgjerrig og ville gjerne lære noe nytt. –Nå det blir mørkt og de har sovnet, lister vi oss bort og røver en av dem og tal ham med til leiren vår, så kan vi undersøke ham grundig.

Nattens sol, månen, var oppe da tre indianere snek seg bort til kjøkkenhytta. De satt en stund og ventet og lyttet. Bøffeljeger kunne imitere mange fugler og dyr, og han tenkte at om noen i hytta fikk høre en uvant dyrelåt, ville de kanskje komme ut og undersøke hva det var. Han brekte som en sau, og så som en nattergal. Det virket. En kokk kom ut i bare undertøyet. Bøffeljeger brekte igjen, kokken gikk mot lyden. I neste øyeblikk kjente han en sterk hånd over munnen og kraftige armer som bar ham inn i mørket. Den vettskremte kokken forsto at det ville ikke nytte å gjøre motstand.

Framme ved leirbålet ga de kineseren et otterskinn så han skulle forstå at han var blant venner. Han forsto snart at dette ikke var farlige krigere, men en lystig gjeng som spøkte og lo.

- Dette er ingen kvinne, sa Bøffeljeger da han kikket nærmere på kineseren.

- Denne fyren kan godt bli far til en haug med unger.

Kokken kunne en god del engelsk, og det kunne også Bøffeljeger. Han oversatte til de andre:

- Han forteller at han kommer fra et land langt borte der sola går opp.

- Så det er slik gule, hvite menn ser ut, sa Svarte Ørn. – Nå har vi funnet svaret på det vi lurte på.

Kokken inviterte de nye vennene sine på frokost neste morgen. - Men vent til de hvite har gått på albeid, sa han. – De likel ikke at vi gil mat til flemmede.

Et par timer etter soloppgang satt de benket rundt bordet i kjøkkenhytta.

- Vi lage lis med chow-chow til våle ælede gjestel, sa kokken. Vi håpel våle løde blødle likel maten vål.

- Maten ser ut som tusenvis av mauregg, sa Bøffeljeger skeptisk.

- Jeg syns det minner om de små markene og larvene vi finner i ødelagt kjøtt. Så vidt jeg vet er det bare paiutestammen som eter sånt, sa Petalesharo.

Kokken fortalte at det var en hvetesort de kalte ris.

- Lis betyl det samme fol oss som mais betyl fol dele, sa han.

- Lis? sa Svarte Ørn. - Mener han kanskje lus?

- Nei – ikke insektel, sa en kokk. – Voksel i jolden.

De spiste godt, men det var mest for å være høflige. De hadde aldri smakt sursøt saus før, eller krydrede sylteagurker. Men de levde eller et gammelt ordtak som var vanlig blant præriestammene: Når vi besøker shaweneestammen, lever vi på shawneevis.

- Kloke, hvite menn hal fortalt oss at indianelne kom til dette landet fla det gule folks kontinent, sa en av kokkene. – Kanskje vålt folk og deles folk kommer fla samme stamme?

- Det tror jeg knapt, sa Bøffeljeger. - Tirawa har skapt oss her. Vi har alltid bodd her.

Dette drøftet de en stund før det var på tide å komme seg videre. De utvekslet varme håndtrykk og noen gaver som takk for maten.

De kom fram til handelsstedet utpå ettermiddagen. Den lille byen het Nawpounee. Navnet hadde den fått ved en misforståelse. Hvite pelsjegere hadde møtt en gammel indianer som var ute og lette etter hesten sin. De spurte ham hva stedet het. Indianeren kunne lite engelsk, så han trodde de spurte hva han holdt på nede. " No pony ", hadde han svart – ingen hest. Så da fikk stedet navnet Nawpounee.

De følte seg uvel da de kom fram. Et par av dem hadde kastet opp, og de andre hadde maveknip. De ble enige om å ta en annen vei hjem. De ville ikke ta sjansen de gule kokkenes gjestfrihet og kokekunst en gang til.

De var godt fornøyd med hva de fikk for varene sine. Et sted fikk Petalesharo noen blanke sølvdollar på kjøpet. Slike hadde han aldri sett før, så han lurte på hva de skulle brukes til.

- Det er et byttemiddel du kan bruke overalt, sa Bøffeljeger. – De er mye lettere å bære rundt enn dyrehuder, og de tar lite plass. Du kan ta en runde i butikkene og se om du finner noe du har lyst på.

I en annen butikk stakk Svarte Ørn hånden ned i en tønne melasse og gned det inn i håret.

- Dette ser ut til å være god medisin for håret, sa han – Vi gnir alltid litt dyrefett inn i håret når vi har spist. Slik beholder vi håret så lenge vi lever.

Handelsmannen måtte forklare at det flytende søtstoff som ble brukt til å lage brennevin av, og til dyrefor.

- Jeg tror nok du er den første som har brukt det som hårpleiemiddel.

- Det er det jeg alltid har sagt, sa svarte Ørn. – en må være forsiktig i de hvites verden. Se her, sa han og tok fram et lite redskap. – En slik dobbel tatoveringsnål gjør arbeidet på halve tiden. De andre ristet på hodet – og en hvit mann sa: - Det er en passer – den brukes til å lage sirkler.

I dag var Petalesharo godt fornøyd. Han hadde kjøpt to ruller rødt bomullstøy, en til moren og en til Skogstjerne.

8

Det ble stadig kaldere. En stor flokk rødvingetrupialer fløy over landsbyen – på jakt etter mat. Der var også mange glanstrupialer og storlerketrupialer i flokken. De pleide å hjemsøke alle åkrer for å se om der var noe spiselig som var glemt etter innhøsting. I flere årtusener hadde vært USAs mest tallrike landfugl. Og mest forhatte.

Snart kom Månen – når – bladene – faller. Skogstjerne hadde hele høsten vært med på samle inn bær, nøtter, spiselige røtter og knoller til vinterprovianten. Av og til kom de over vinterlagrene til skogmus og ekorn. De tok bare halve lagrene – dyrene må også ha noe å leve av, tenkte de. De hadde ikke noe ord for "dyr". De snakket om ørnefolket, ulvefolket og bøffelfolket.

En morgen kunne de høre snadring og kvekking fra luften. Flere millioner snøgjess var på vei fra nordstatene og Canada til varmere strøk lenger sør. Comanchenasjonen passet godt som et sted for mellomlanding. Her fant de planter og smådyr på elver og tjern. De fant også mat på åkrene.

En kald vinterdag fikk de besøk av Jack O'Malley. Han ble trukket på en kjelke – han hadde forfrosset føttene og kunne ikke gå. De måtte skjære av ham støvlene. Men Bjørnemor visste råd: Hun hentet sin datter – hun tok av seg på overkroppen og plasserte de iskalde føttene på sin barm. Hun fikk et pledd av kaninskinn over skuldrene. Slik satt de i timevis. Jack forsto at jenta var 16 vintre. Han husket at det var 17 år siden sist han møtte Bjørnemor. Det var lett å se at Lille Lam var halvblods. Hun betraktet morens mann som sin far. Så han avsto fra å avsløre noe. Neste morgen var han frisk og kunne dra videre. Da hadde han fått nytt fottøy som holdt føttene varme i streng kulde. To måner senere kom han med en gave til sin datter – en hvit ponni. Han hadde tårer i øynene da de skiltes.

Skogstjerne besøkte ofte kvinnen fra Skottland. Barna hennes – Lille Ravn og Morgensol – tok seg mye av henne. De hadde gråblå øyne og håret var ikke helt svart. De likte godt når moren fortalte eventyr fra Europa. De hun fortalte om Askepott, fortalte Skogstjerne at det eventyret hadde de også.

- Kan du fortelle om hvordan vi fikk mais? spurte Valerie. Det kunne Skogstjerne: - Det var en gang en fattig jeger. Han var ikke flink til å jakte, men han var fornøyd likevel og takket høyere makter for et godt liv. Da hans sønn skulle innvies som jeger, bygget faren en liten hytte på et avsides sted. Gutten flyttet hit. De først dagene vandret han omkring i skogen og undret seg over hvordan plantene kunne gro, om hvorfor bare noen var spiselige, og om han i sin visjon kunne lære en ny måte å skaffe mat til familien. Jakt og fiske var nokså usikkert.

Den tredje dagen var han svak og følte seg dårlig, så han holdt sengen. Da så han at en ungdom dalte ned fra skyene. Han var kledd i grønne og gule klær. På hodet bar han en stor gul fjærdusk.

Skikkelsen sa: - Jeg er sendt hit fra vår skaper som forstår hvorfor du faster. Du søker ikke berømmelse som kriger – men du vil hjelpe ditt folk. Jeg skal hjelpe deg med det.

Han utfordret så Wunzh – det het gutten – til å bryte. Wunzh var svak, men gikk med på å prøve. Etter en stund orket ikke Wunzh mer.

- Min venn, sa den vakre fremmede. – Nå er det nok for i dag.

Det samme skjedde neste dag. Da sa den fremmede: - I morgen må du være sterk. Det blir vår siste brytekamp. Han vendte så tilbake til skyene.

Da brytekampen var ferdig neste dag, gikk begge inn i hytta og satte seg ned. Den fremmede sa: - I morgen skal du se at jeg ligger død. Da skal du kle av meg alt og grave en dyp grop til meg. Der må du rydde vekk alle røtter og ugress. Så kan du begrave meg og gå hjem. Kom tilbake hver fullmåne og se om jeg har stått opp igjen. Hold gress og ugress borte fra min grav. Legg mer jord og litt bøffelmøkk på hver gang du kommer hit.

Neste dag kom guttens far på besøk med mat til gutten. Gutten spiste ikke før den fremmede fra stjernene kom igjen. Alt gikk nå som det var spådd. Snart lå den vakre fremmede død på marken. Wunzh begravde ham som avtalt og vendte hjem til faren. Han fortalte ingenting om sine opplevelser, men hver fullmåne gikk han til graven. Han så at grønne planter spirte. Da planten var vokst ferdig, tok Wunzh med faren til stedet. Der sto det høye grasiøse planter med gyllent silkehår og øverst kolber av gul mais. – Det er min venn, sa gutten. – Vi trenger ikke å være avhengig av jakt for å bli mette. Dette har jeg fastet for. Vår skaper har bønnhørt meg. Slik var det at maisen kom til menneskene.

Skogstjerne hadde vært med på å lage pemmikan helt siden blåbærene ble modne. De hadde lagt tynne strimler av kjøtt til tørk i solen. Etterpå ble kjøttet knust til pulver og blandet med bær og dyrefett. Den ferdige blandingen ble stappet inn i tarmer. Og det ferdige produktet var godt og næringsrikt. Det var godt å ty til når jaktlykken sviktet. Mange i stammen likte å bade i Pilespisselven selv om den var dekket av is. De hadde lenge hentet flint derfra til sine piler og spyd. Etterpå satt de i dampbadteltet, som var laget av tolv seljestammer som var plantet i sirkel og bøyd slik at det liknet en halvkule. Dette ble dekket med dyrehuder. Åpningen vendte alltid mot øst. Utenfor sto fire kjepper som var pyntet med fjær og frynser. Mellom kjeppene lå det to bisonkranier, på dem var det malt sirkler i de fire hellige fargene.

Å ta et dampbad var en hellig renselsesseremoni – nesten en gjenfødelse. Som oftest var det en sjaman som ledet dampbadseremonien. Han dekket gulvet med hellig salvie. I sentrum var det en grop for de glohete steinene. Seks – sju personer satte seg på huk i en sirkel. Vann ble hentet fra bekken like ved. De varme steinene ble lagt i gropen, og vannet ble helt på. Det kalde vannet freste på de gloende steinene og ble til skyer av varm damp. Denne dampen symboliserte jord og himmel, åndens pust og livets vann som forenes. Mange kom til dampbadteltet for å bli kvitt plager de led av og for å snakke om sine problemer. Innimellom sang de rituelle sanger, og av og til slapp de inn litt lys og luft.

Landsbyutroperen hadde gått rundt og bedt til samling i seremonihuset om ettermiddagen. To menn fra stammen hadde vært i Europa. Mange møtte fram for å høre hva de hadde å fortelle.

Store Bjørn åpnet med å takke Tirawa for at var kommet hjem i god behold. Deretter fortalte han om sine opplevelser: - Vi var en gruppe stammeforskere som reiste fra land til land i verden øst for det store hav. Vi skulle studere de hvites skikker og levemåte og se hva vi kunne lære bort. Vi fant ut at der har du mye makt om du samler store rikdommer. Men hos oss får du ære og høy status om du gir bort mye. Indianere og hvite passer svært godt i sammen: Vi er flinke til å gi bort – og de hvite er rene mestere til å grafse til seg mest mulig.

- De hvite hadde ingen omsorg for hverandre, sa Modige Hauk. – Vi har siden tidenes morgen alltid tatt godt vare på vår neste. Men de hvite stjal fra hverandre alt de kunne, og derfor var det noen få som hadde mye mer enn de trengte, mens skarer omkring dem ikke hadde noe og kanskje sultet. De hadde glemt at jorden er deres mor, og at alle jordens folk er søsken.

- En dag tok vi våre kanoer og padlet inn på havna i en stor landsby som heter Napoli, sa Store Bjørn. – Vi gikk til høvdingen der og sa: - Vi har nå oppdaget Italia – og vi vil kalle nasjonen Store Bjørns Forente Stater. Se her er en traktat – vi skal nå overta dette rådhuset og opprette Byrået for italienske saker. Vi venter at dere flytter østover og at dere går over til vår religion og våre skikker. Men de sendte bud på en gjeng unge krigere i blå klær med blanke knapper – som tok oss med til et stort langhus med tykke murer.

- Her viste de oss stor gjestfrihet i mange dager, sa Modige Hauk. - Omsider kom en høvding for en stor teatertipi og kjøpte oss fri, som om vi var slaver. Dette kalte de auksjon eller kausjon.

- Til å være slaver ble vi godt behandlet, sa Store Bjørn. – Vi fikk mange grønne froskeskinn i lønn og mye mat – men ikke bøffelkjøtt. Stort sett åt vi spagetti og makaroni, og en matrett som var oppkalt etter byen der det store tårnet for stjernekikkere står på skrå.

- Det var en stor maismelkake, sa Modige Hauk. – Oppå var det kjøttrester som var for simple til å bli brukt til noe annet. Dessuten var det smeltet gulost på toppen. Mye av dette hadde passet bedre som dyrefor, og hvitløksdunsten oste ut av huden vår. Men vi fikk mat nok og sultet aldri.

- Vi brukte mye av det vi tjente på å kjøpe mat til de sultne barna vi så, sa Store Bjørn. – De var hjemløse og levde av å tigge eller stjele.

- Vi reiste rundt blant de fleste stammene i landet, - sa Modige Hauk.

- De ga oss hver vår flotte hest og vi måtte vise våre kunster på hesteryggen hver kveld i tipien. De ba oss fremføre våre hellige gamle danser, men de ville vi ikke vise for de hvite, usiviliserte barbarene. Så vi laget noen parodier basert på det vi hadde sett av europeiske folkedanser. Dette vakte stor jubel hver kveld.

- Men det var nok vi som moret oss mest, sa Store Bjørn. – Vi lurte dem alle sammen. Da sesongen i Italia var over, ble vi satt på en stor kano med hvite vinger, store som trær. Vi skulle til London. Vi var redde for at vi skulle ende opp der himmelen møter havet.

Mange av oss ble fortvilet, noen ble så syke at de trodde de skulle dø. De begynte å synge sine dødssanger. Vi fikk utlevert noen greier vi skulle sove på. De la vi på dørken. Etterpå fikk vi vite at de skulle henges opp. Vi hadde aldri sett hengekøyer før. Mange av oss ble syke og måtte kaste opp. Noen bøfler og wapitihjorter døde og måtte kastes over bord. Det var vondt å se på at de flotte dyrene forsvant i dypet. Jeg tenkte at slik går det nok også med vårt folk – vi kommer til å forsvinne i dypet uten å etterlate et spor.

Vi ankom den store byen. Da vi gikk i land var vi svimle og det var vanskelig å gå. Mange kom for å se på våre forestillinger. En dag kom han som eide landet, Bestefar George. Vi likte godt den gamle mannen. Da vår forestilling var over, kom han og snakket med oss. Han sa:

- Jeg er nå kommet til livets høst. Jeg har reist mye og sett mennesker i mange land. I dag har jeg sett de vakreste mennesker jeg noensinne har møtt. Hadde dere vært mitt folk, ville jeg aldri tillatt at noen reiste rundt for å vise dere fram på denne måten.

Han sa mange vennlige ord. Vi måtte komme og besøke ham. Han håndhilste på oss alle sammen. Han hadde et kraftig håndtrykk. En halv måne senere besøkte vi Bestefar George. Vi ble hentet i en fin svart vogn som ble trukket av to svarte hester. Vi kom til et vakkert stort hus med spisse tårn. Der sto mange benker i ring. Vi fikk servert det beste de hadde. Senere så vi Bestefar Georges barnebarn, lille prinsesse Victoria. Hun ble kalt for Englands maiblomst. Vi laget en sang som vi fremførte for kongen. I den tiden hadde vi det veldig godt. Vi likte godt bestefar George, vi skjønte at han var et godt menneske. Hadde han vært vår bestefar, hadde vi nok hatt det meget bedre.

Etter hvert ble vi syke av hjemlengsel. Vi skrapte sammen nok penger til båtbilletter. Østenvinden hjalp oss å seile over det store havet. Mine foreldre ble meget glade for å se meg. Mor ble så glad at hun gråt. Jeg gråt litt jeg også, selv om jeg var en godt voksen mann. Nå er vi svært glade for å være hjemme igjen. Vi har talt.

Skogstjerne hadde sittet på bøffelkappen til Petalesharo. Hun hadde lent seg mot ham og kjent varmen fra den muskuløse kroppen hans. Han hadde med seg sin erobringsstav, en to meter lang seljestokk som fortalte om hans opplevelser med de unge jentene han hadde et godt øye til. Staven var pyntet med dusker fra hesteman, ørnedun, og biter fra tøyet til de jentene som han hadde hatt et eventyr med. Rødmalte ringer langs hele stokken fortalte hvor mange ganger det hadde skjedd. Nå håpet han at en bit beverskinn med røde tøyfrynser skulle henge øverst på stokken hans. Det var noe Skogstjerne pleide å pynte seg med. Han husket en gang han skulle besøke en jente om natta når foreldrene sov. Han smøg seg inn i jordhytta. Jenta hadde en tam ravn som han ikke visste om. Ravnen satte i et skrik da den merket at noen kom.

- Hva sa du? spurte han. Ingen svarte. I mørket kom han bort i ravnen, som hadde vagle ved jentas seng. Den begynte å skrike og flakse med vingene så alle i jordhytta våknet. Han rømte ut i full fart før noen oppdaget hvem han var. Det ble en god stund til neste nattefrieri.

Men så kom han til å tenke på noe. Skulle ikke Morgenstjernes brud være uberørt? Det hadde alltid vært slik – men var det nødvendig? Og var det egentlig nødvendig å ofre et medmenneske for at maisavlingen skulle bli god?

Han sa godnatt til jenta og gikk for å snakke med sin far, Knivhøvding. - Min sønn, du har rett, sa den gamle mannen. – Jeg har snakket med mange om å avskaffe denne grusomme skikken. Men ingen vil høre på meg. De tror at vi får dårlig avling og uhell i jakt og krig om Morgenstjernen ikke får sitt offer.

Han lyttet alvorlig mens faren snakket.

- Det har kommet rykter om at de hvite vil ikke godta en slik skikk. Jeg tror du må søke råd hos åndene. Gå til Visjonsfjellet og vær der fire netter. Da vil Tirawa tale til deg og sannheten vil opplyse ditt sinn.

Et par dager enere var Petalesharo på toppen av Visjonsfjellet. Det var uvanlig at noen dro på visjonsvake om vinteren. De aller fleste dro om sommeren. Han passerte et tjern der en rødstrupe fløy lavt over vannskorpen og jagde småfisk inn mot bredden. Inne på grunnen kunne fuglen lande og ta en liten ørekyt i nebbet. Rødstrupen slo den mot en stein og svelget den hel med hodet først. På denne tiden fant den ikke edderkopper, insekter, larver eller fluer. Men takket være småfisk hadde den håp om å overleve vinteren. Det ble magre tider om det kom is og snø.

Først bygde han seg en gapakuk av materialer som han fant der. Den ble dekket av grankvister og beskyttet mot vind og vær.

Han gravde seg en grop i snøen og satte seg til å vente. Han var godt kledd i solide skinnklær, og et par bisonfeller hjalp til å holde kulden ute. Han løftet armene mot stjernene og begynte sin bønn:

- Bestefarånd – Tirawa - du har alltid eksistert og ingenting har eksistert før deg. Alt som finnes er dine henders verk. Du har skapt universets stjerner og verdens fire hjørner. Tirawa, i din bolig bortenfor Morgenstjernen, der solen aldri går ned, lytt til min bønn. Du vet hva som plager mitt hjerte. Om du har et budskap til meg, vil jeg lytte. Fortell hva du ønsker skal skje med Skogstjerne, som skal ofres til Moder Mais og Morgenstjernen når dine barn skal feire vårjevndøgn.

Den unge indianeren gikk inn i en døsig tilstand. Han merket knapt forskjell på natt og dag. Han ble sløvet av sult og tørst. Det er uvisst om han sov eller var våken natt da en stor lyskule dalte ned fra stjernene. Ut av lyskulen sted det en skikkelse med er åsyn som lyste som solen. Han hadde snøhvitt skjegg og lange fletter. Han hadde på seg en drakt av hvitt hjorteskinn, og om livet var et belte med perlebroderier. Et par ørnefjær var stukket inn i pannebåndet.

- Fred være med deg, min sønn, sa skikkelsen. – Jeg er kommet for å se til mine barn og advare mot fremtidens farer. Snart vil den hvite mann oversvømme de røde folks hjemland – og de bringer med seg store ulykker. De vil narre og bedra og forsøke å utrydde sine røde søsken. De har med seg pest og mange sykdommer. De vil røve sølv og gull og de vil stjele indianernes hjemland.

- Store mester, sa Petalesharo. – Hvordan kan de stjele landet? Hvordan kan noen eie skyene – regnet – elvene – luften og landet? Alt eies av Livets Herre, som lar sine barn få låne alt dette?

- Dine ord er sanne, sa skikkelsen. - Men den hvite mann er ført på gale veier av mørkets demoner og onde ånder. Men – mitt barn – sannelig sier jeg deg: Det skal komme en dag da jeg vil opprette et evig et fredsrike på jorden. Da skal den hvite manns riksveier, fabrikker og alt annet som har ødelagt jorden rulles sammen som et gammelt teppe og brennes på søppelplassen. Den nye jorden skal bli dekket av duftende engmarigress og rene elver og sjøer. Store flokker av bøfler og villhester skal komme tilbake. På denne nye jord skal det bare bo indianere, og folk som har blitt indianere i sitt hjerte.

- Fortell meg, sa Petalesharo. – Hvilke tegn i tiden skal varsle at de urettferdiges tidsalder er forbi?

- Det skal vise seg tegn i sol og måne, svarte skikkelsen. – De hvite medisinmenn skal spalte universets minste partikkel, og bruke det som sprengstoff i Den Store Jernørns Tordenspyd. De mektige krigshøvdinger – Hvithodet Ørn og Røde Bjørn – vil bli i stand til å føre krig med sine mektige tordenspyd oppe mellom stjernene. Mange høvdinger skal bli snikmyrdet av dem som følger Mørkets Fyrste. I rike land de vil de vise stor dyktighet i å fabrikkere alle mulige vidunderlige ting – men stor udugelighet i rettferdig fordeling av verdens rikdommer. Blant Sodoma og Gomorras sønner, og blant dem som er avhengige av peyotegiftens farlige gift skal det oppstå en ny dødelig pest som kan bli vanskelig å stoppe eller helbrede. Været kommer til å bli verre enn noensinne. Det skal bli farlige oversvømmelser mange steder. Store skarer kommer til å miste sine hjem når havet stiger. Mange øysamfunn kommer til å ligge under havet. Andre steder vil ingenting gro – der kommer ikke regn. Kraftige vinder kommer til å ødelegge ufattelig mye. Enorme bølger – høyere enn trær – skal komme mange steder så mange dør og skape ufattelige ødeleggelser. Farlige sykdommer kommer til å ramme fuglene og de hvites husdyr. Og se, når disse ting kommer, da skal dere vite at deres befrielse er nær. Da skal alle ting bli som nye. Men inntil den time kommer, forkynn da for alle jordens stammer i alle verdenshjørner kjernen i mitt budskap: Dere må aldri skade noen eller gjøre noen noe vondt. Dere må aldri gå i krig. Følg de ti lover Den hellige hvite steinmann fikk på fjellet i Egyptens land.

Det ble stille en stund. Petalesharo forsøkte å forme et spørsmål om Skogstjerne, men svaret kom før han rakk å si noe.

- Du skal ikke ha tillit til gammel overtro, sa skikkelsen. – Maisen gror fordi regnet gir den vann, jordsmonnet gir den næring og solen gir den varme. Du skal befri Skogstjerne og la henne dra hjem til sitt eget folk. Du skal bli rikt velsignet om du adlyder mine ord. Jeg skal være med der og beskytte seg. Ditt navn vil bli husket i lange tider.

Disse ordene brente seg inn i bevisstheten til unggutten som satt sammenkrøpet i sin snøgrop. Han følte en jublende glede strømme gjennom seg, og så i sin visjon at en lyskule steg opp fra Visjonsfjellet mot stjernene i øst.

9

Det ble en lang og kald vinter. Mennene dro på jakt når været var godt. Ofte kom de tomhendte tilbake. Men av og til kunne de være heldige og komme tilbake med ett par harer eller en hjort. De hadde mye mais på lager, så de slapp å sulte. På en heldig dag kunne de felle en bisonokse. Dyrene var tunge og kunne vanskelig bevege seg i dyp snø. Et slikt dyr kunne gi mat til mange i flere uker. Om vinteren hadde oksen tykk pels – den ble til varme vinterklær og sengeklær.

Nå holdt vinteren på å synge på sitt siste vers. I skogen var dyr og fugler på jekt etter mat. En vaskebjørn var på flukt fra en jerv – den hadde kurs mot vannet. Isen var ikke trygg – den var tykkest nær land. Vaskebjørnen løp ut på isen, stoppet og så på sin forfølger. Så fant den på noe lurt – den la seg ned og rullet over der isen var tynnest. Slik ble vekten fordelt over et større areal. Isen knirket og gynget – men snart var den trygt på den andre siden. Jerven var tyngre – snart fikk den kaldt bad. Den kom seg i land i god behold. Men tydelig irritert og i dårlig humør.

Pawneestammen var kjent for sine vakre broderier med kulørte pinnsvinpigger. Noen brukte synåler av jern, men mange fulgte den gamle skikken og laget synål fra parringsorganet til hanngrevlingen. En slik nål var verdt to – tre gode hester. Ofte var en slik nål en vanlig gave når en ung kriger var på frierføtter.

Skogstjerne satt og sydde pigger på en tobakkspung laget av mykt hjorteskinn. Hun ville gi den til Petalesharo, kanskje, eller til den mannen som valgte henne til kone nummer to. Hun hadde hørt at i mange stammer ble slavinner ofte friller for eldre enkemenn. Hun tenkte ofte på Petalesharo. Da han vendte tilbake fra Visjonsfjellet hadde ansiktet hans glødet i flere dager. Mange var redde for å være nær ham. Det var tydelig at han hadde hatt en kraftig visjon, men han fortalte ingenting og ingen spurte ham. En visjonsvake var noe helt privat som ingen snakket om. Noen fikk åpenbart et mønster som de siden brukte på sitt skjold. Petalesharo malte sitt skjold med rødt og gult for det var morgenhimmelens farger. En rød bue betydde regnbuen. To svarte streker under to øyne tilsvarer merkene under uglens øyne og visjonens hellige kraft. Noen blå streker nedover gjengir himmelen, noen mindre streker betyr rynker som skal sikre et langt liv og god helse. Små svarte flekker symboliserer regn og hagl som er plutselig uvær. Om eieren av skjoldet var forfulgt av fiender, kunne eieren fremkalle et plutselig uvær mellom seg og fienden. Et slikt skjold kunne ha overnaturlige egenskaper og beskytte eieren når han var i krig. De som var kalt til å bli sjaman, fikk gjerne sin makt fra et dyr eller en fugl. Bøffelens styrke kom vestfra. Fra nord kom makten fra tordenfuglene. Elgens og hestens egenskaper kom fra øst. Fra sør kom gråbjørnens styrke. Den store ørns visdom kom fra skyene.

En dag kom to jegere hjem med en liten elgkalv de hadde funnet i skogen. Den hadde ligget alene i godt over et døgn.

De så ikke tegn til moren – hun kunne ha falt utfor et stup eller vært utsatt for en annen ulykke. Ingen jeger ville drepe et dyr som hadde ansvaret for sitt avkom.

Faren ga alltid blaffen i avkommet – han ville bare pare seg og dra sin vei for å finne en ny partner til sin brunstgrop. En elendig familiefar.

Skogstjerne var glad for hun at hun fikk stelle kalven. Den likte ekstra godt geiterams. Den slo seg til ro i landsbyen og så ut til å trives blant folk. Om natta fikk den sove ved siden av Skogstjernes seng

Skogstjerne gikk ofte på besøk til Tordenfugl. Han var en mester til å fortelle eventyr, og nesten hver dag kom det en flokk barn som ville høre historier

De fleste eventyrene handlet om dyr. Fortellingen om bjørnemannen måtte han fortelle om og om igjen:

- Det var en gang i stammen vår en gutt som stadig lekte at han var bjørn. Han liknet litt på det dyret. Når han var sammen med de andre guttene lot han som om han var bjørn, og da han ble voksen sa han ofte for spøk at han kunne forvandle seg til en bjørn.

Før denne gutten ble født, gikk hans far en tur i skogen. Han kom over en hjelpeløs liten bjørnunge som var både sulten og skremt. Han tok ungen i fanget og ga den litt mat og koste med den. Etterpå tok han den i armene sine og bar den til en hule i fjellet der han visste at en bjørnefamilie holdt til. Han ga ungen til binna, som la seg på ryggen slik at han kunne klø den på maven. Mannen sa: - Måtte Livets Herre alltid være med dere. Og måtte våre søsken bjørnene ta vare på min sønn når han blir født, og hjelpe han til å bli en stor og vis mann

Han kom hjem og fortalte sin kone om sitt møte med bjørnene. Hos indianerne har de den troen at dersom en gravid kvinne ser eller tenker på et bestemt dyr lenge, da ville barnet bli lik dette dyret. Da gutten ble født, oppførte han seg nesten som en bjørn. Gutten vokste opp og ble mer og mer lik dette dyret. Gutten var klar over likheten. Han gikk ofte i skogen for å se til bjørnene.

Årene gikk. Bjørnemannen ble voksen og valgt til høvding. De dro av og til ut for å krige, men en gang gikk de i en felle. Deres erkefiender fra en nabostamme drepte alle - omtrent førti - i et bakhold.

De døde krigerne ble liggende i en dal der bjørnene bodde. Bjørnene gikk rundt og snuste på de falne, og en hunnbjørn kjente igjen bjørnemannen. Hun ropte på sin make og sa:

- Se her, dette er vår bror blant Menneskefolket som har gjort oss mange tjenester og som har laget sanger til oss. La oss prøve å vekke ham til live igjen. De fikk samlet sammen restene av mannen, men håret var forsvunnet. Det hang som skalp på skjoldet til en kriger. Bjørnene fikk satt bitene i sammen igjen. Deretter brukte de en magisk bjørnemedisin, og mannen vendte tilbake til livet. Han våknet og husket ingenting. Men han så sine døde kamerater og forsto hva som hadde skjedd. Han ble med bjørnene med hjem til hiet. Han var svært svak og besvimte flere ganger. Han ble hos bjørnene en lang stund. Omsider ble han helt frisk, bortsett fra at håret manglet. Derfor ga de ham en lue laget av vaskebjørnskinn.

Den gamle bjørnen sa til Bjørnemannen at han aldri måtte ta æren for de underfulle ting han hadde lært hos bjørnefolket. Han måtte alltid takke Tirawa, Livets Herre, som hadde skapt bjørnene og gitt dem visdom og styrke. Mannen fikk beskjed om å dra tilbake til sitt eget folk, der skulle han bli en mektig kriger og en rik mann. Han måtte love at han aldri skulle glemme bjørnene, og han måtte ofte danse Bjørnedansen, ellers kunne mislykkes i det han holdt på med.

- Jeg skal passe på deg, sa Gamlebjørnen. - Vi to skal bli like gamle. Dette treet, sa han og pekte på bomullspoppelen – skal være din beskytter. Om det lyner og tordner, skal du bare kaste et stykke av bomullspoppelen på leirbålet ditt. Da kan intet ondt ramme deg.

De skilte lag, og Bjørnemannen dro hjem til sine. De ble meget forundret, for de trodde at han også hadde blitt drept i krigen. De festet i flere døgn i glede over at han var kommet hjem. Alle der måtte lære å danse Bjørnedansen, og han gikk ofte ut i skogen for å gi gaver til Bjørnefolket. Han ble en stor kriger og døde gammel og mett av dage.

10

Petalesharo lot hesten lunte sakte bortover stien. Han satt i dype tanker og merket knapt at naturen holdt på å våkne til en ny vår. Mesteparten av snøen hadde smeltet. De første vårblomstene hadde sprunget ut. Et par nøtteskriker samlet kvister til sitt rede i toppen på et eiketre. Noen elger sto og spiste knoppene på et seljetre.

Noen ekorn hoppet rundt i en platanlønn og hadde planer om formere seg. Et par harer under et bjørketre hadde samme planer. Noen kvinner tappet sevje i en lund med lønnetrær. Sevjen skulle kokes til det ble lønnesirup.

Han tok en pause ved bredden av en innsjø. En fiskeørn kretset over vannet og så etter dagens første måltid. Plutselig stupte den mot vannflaten, fanget en ørret med klørne og fløy mot skogen. Men den ble sett av en hvithodeørn – som gikk til angrep og stjal fisken.

Den unge indianeren tenkte på den umenneskelige seremonien som ble forberedt i landsbyen. Der pleide de å ofre et ungt menneske til Morgenstjernen som var talsmann for gudene. Han var blodtørstig, og han hørte bønnene deres bare om han fikk kjøtt og blod i offergave. Da ville han bringe bønnene videre til Livets Herre, Tirawa. Han tenkte på noe som hendte da han var liten: De skulle de ofre en ungjente fra mandanstammen. Men de fant ut at hun ventet et barn, så hun fikk leve til barnet var født. Etter hvert skjønte jenta hva hun hadde i vente. Hun klarte å stjele en hest og kom seg hjem til sin egen stamme. De ofret barnet hennes i stedet.

Men engang hadde Petalesharo reddet et liv. En spansk gutt på ti år var blitt tatt til fange for å bli ofret. Den unge indianeren gikk rundt i landsbyen og samlet sammen det han kunne få fatt i – pelser, kniver og alle slags dingeldangel de hadde byttet til seg fra de hvite. Men han som var ansvarlig for den unge fangen ville ikke gi gutten fra seg. Han ga seg først da han så Petalesharo kniv og ble truet med å bli drept om han ikke fikk gutten. Det fikk han. Alt som var samlet inn ble ofret i stedet. Mange fine pelser gikk opp i flammer.

Den unge indianergutten husket godt hvordan det hadde skjedd forrige gang En jente de hadde røvet fra en annen stamme, ble bundet fast til offeralteret. De rev av henne klærne og sjamanene kom med brennende fakler og svidde av håret hun hadde i armhulene og i skjødet. Det skulle rense henne for denne verdens urenhet og gjøre henne til et verdig offer for Morgenstjernen. I det øyeblikket Morgenstjernen ble synlig over horisonten, ble en pil skutt inn i hjertet hennes. Den stakkars jenta døde øyeblikkelig, etter å ha skreket i panikk og bedt om nåde da hun skjønte hva som skulle skje.

Da skjøt alle i landsbyen piler inn i kroppen hennes. En ung kriger hadde som oppgave å rive ut alle pilene fra offeret bortsett fra den som drepte jenta. Han skar opp brystet og klinte blod i ansiktet. Deretter kom kvinner og barn og stakk den døde med spyd eller slo med stokker. Hjertet ble skåret ut og brent, og asken ble brukt til å rense jordbruksredskapene som skulle hakke i Moder Jord. Deretter satte de fyr på veden under alteret og offeret ble kremert. Da asken var blitt kald, ble den spredt på åkrene der Moder Mais skulle velsigne Moder Jords barn med god avling og velstand for alle i landsbyen.

Samtidig gikk han som skjøt den første pilen ut i skogen. Der falt han på kne og gråt og ba jentas ånd om tilgivelse for at han hadde drept henne. Nå måtte han faste og sørge i fire døgn. Han var nå ansvarlig for å peke ut den som skulle skyte den første pilen neste gang. Han vasket pilen i bekken og lot den tørke før han la den i skinnetuiet der den ble oppbevart til neste ofring til Morgenstjernen.

Vårjevndøgnfesten skulle vare i fire døgn. Fire sjamaner, en fra hver klan, møttes på seremoniplassen og messet og danset en stund før de gikk mot hver sin himmelretning. De kom tilbake med en trestamme av eik, en av bomullspoppelen, en av piletre og en av lønn. De ble slått ned i jorden. Et vannrett kryss av fire trestammer ble så montert. Her skulle offeret bindes fast. De loddrette stolpene ble malt i rødt og svart, dagens og nattens farge. De vannrette stammene ble malt i blått og hvitt, regnets og skyenes farge. Barna gikk rundt og tigget ved som ble lagt under alteret.

Den første kvelden var alle samlet rundt bålet i det bygget de pleide samles og høre på historier. Det ble fortalt om menn og kvinner i nasjonen som hadde utrettet noe det var verdt å huske på. Landsbyskalden – Røde Ulv – fortalte om Kroket Hånd som kom fra Skidilandsbyen. Han var født med vanskapt venstrehånd. Likevel ble han kjent som en tapper kriger både i og utenfor stammen. En gang kom han hjem med et brukket ben etter et sammenstøt med krigere fra cheynnenasjonen. Da det var leget, var han fortsatt en stor kriger, men han ble halt resten av livet.

En gang lå han syk i sin jordhytte – da kom noen og fortalte at en gruppe krigere fra en nabonasjon var underveis. Han sto opp, tok på seg sin bisonkapppe og ga alle ordre om å gjøre seg klar til å slåss. Mennene var bortreist på jakt – nå måtte de syke, barn, kvinner og gamle mann stå i mot fienden. De hadde få våpen – mange fant det de hadde av jordbruksredskaper. Snart var de omtrent to hundre til hest som red ut for å stoppe angrepet.

Fienden begynte å le da de så hvem de skulle slåss i mot – mange smågutter og gubber som var nesten for gamle til å sitte på en hest. Men de holdt opp å spotte da de Kroket Hånd angrep. Han satte kurs mot krigerne – drepte en mann eller to – og trakk seg tilbake og angrep igjen. Selv om han var syk, gjorde Kroket Hånd ende på seks fiender den dagen. Tre hester ble drept under han. De hentet nye fra landsbyen. De begynte å slåss på formiddagen. Krigerne – omtrent seks hundre av dem – hadde planlagt å vinne slaget på kort tid – så ville de plyndre landsbyen og sette fyr på den. De ble forundret over den kraftige motstanden de møtte. De kunne ikke bryte gjennom pawneestammens forsvar. Ut på ettermiddagen måtte angriperne gi opp. De flyktet i vill panikk – Kroket Hånd fulgte etter. Mange ble drept mens de prøvde å komme seg unna. Pawneestammen mistet 15 – 16 krigere i kampen.

I skumringen kom Kroket Hånd hjem. Han var dekket av blod fra hode til fot. Han hadde mange skader og en pil hadde truffet ham i halsen. Medisinmennene fikk pilen ut og pleide ham så godt de kunne. Etter noen uker var han tilbake på krigsstien. Såret etter pilen i halsen plaget ham så lenge han levde. Men han var en mektig kriger nesten helt til hans sjel dro ut på den lange reisen til Melkeveien. Flere av nasjonens helter ble husket denne kvelden.

Neste dag ble Skogstjerne hentet og ført til seremonihuset. De tok av henne kjolen og malte hele kroppen hennes rød. Hun ble renset i røyken av engmarigress og salvie, før de tok på henne en praktfull kjole av hjorteskinn. Hele tiden hørte de musikk fra trommer, fløyter og gresskarrangler.

Slik festet de i tre dager. Om kvelden fikk Skogstjerne en flott fjærkrone på hodet, hun ble pyntet med øreringer, armbånd og halskjeder. Hun tenkte at nå skulle hun flytte inn i gammen til en mann, siden hun ble pyntet som en brud.

Hun hadde knapt klart å holde seg så rolig om hun hadde ant at hun var utpekt til å bli Morgenstjernens brud.

De danset hele natten. Fire ringer av danserne beveget seg gjennom landsbyen. Da en ny dag begynte å demre, kalte landsbyutroperen til samling på offerplassen. Sterke armer grep fatt i Skogstjerne og bandt henne fast til offeralteret. Der lå hun og skalv i nattekulden. Det begynte å demre for henne at hennes siste time var kommet. Hun skrek - vill av redsel og forsøkte å rive seg løs. Rundt henne sto hennes venner, klar med pil og bue. En kraftig ung mann nærmet seg.

Han holdt pil og bue og siktet på ungjenta på alteret. De fleste stirret mot østhimmelen – der de ventet på at Morgenstjernen skulle vise seg over horisonten. Det var signalet til at offeret skulle få en pil i hjertet. Nå skulle de straks rive av henne kjolen og alle smykkene. Plutselig delte folkemassen seg for å gi plass til en ung mann som kom ridende med en hest på slep. Han hoppet ned fra hesten, skar løs Skogstjerne og løftet henne opp på den ledige hesten. Musikken stanset, og alle sto der målløse og ventet på at lynet skulle slå ned og brenne opp den som våget å trosse gudenes vilje. Petalesharo løftet en arm og sa:

- Drep meg om dere vil, men la denne jenta leve. Hun har vært vår gjest i en vinter og vi er alle glade i henne. Nå skal vi stoppe denne barbariske skikken som er basert på gammel overtro. Intet menneske skal dø for at vi skal leve godt. Maisen gror fordi regnet og jordsmonnet gir den næring, og solen gir den varme. Min far har lenge prøvd å snakke dere til fornuft, men ingen ville høre på ham. De hvite ser med avsky på oss fordi vi praktiserer menneskeofring.

Ingen løftet en hånd for å stoppe dem. De ventet at lynet skulle slå ned og straffe ham som hadde røvet morgenstjernen for sitt offer. Alle sto forbløffet og så at de to forsvant idet Moder Sol begynte å skinne på morgenduggen i gresset. Fuglene begynte å synge som på en hver annen vårmorgen.

Skogstjerne og hennes redningsmann red mot sør-sør-vest i et par dager. Denne gangen slapp han å binde dem sammen med en lærrem. De forentes under lyset fra månen og tusen stjerner.

De felte en kalkun av og til så de slapp å sulte. De hadde flint og et stykke jern for å gjøre opp ild. De brukte en gammel metode for å fange kalkuner: Man gjemte seg under et stort stykke mose og krøp bort til fuglen. Det virket som oftest. De fanget også kyllinger av vandreduen; de skjøt en pil mot vandreduens reir. Da falt ungene ned på bakken. Stekte duer ble sett på som en delikatesse. Da de nærmet seg hennes folk, måtte Petalesharo ta farvel. De møtte en gruppe krigere fra hennes stamme. Det ble et sårt farvel, de ante at de aldri skulle møtes mer.

På hjemveien så han at en bever holdt på å felle et tre. En jerv for løs på den – men beveren klarte å riste seg løs. Jerven ga seg ikke – men beveren klarte å få beveren med seg ut i vannet. De var under vann helt til jerven måtte opp for å puste. Den satte kursen mot land – men beveren ga seg ikke. Den var skadet, men satte de kraftige hoggtennene i strupen på sin fiende og holdt den under vann til den druknet. Så fortsatte beveren med å felle sitt tre.

Den unge pawneeindianeren var usikker på hvordan de ville motta ham. Han hadde jo røvet en fange som skulle ofres til Morgenstjernen. Kanskje ville de binde ham fast til alteret og ofre ham i stedet. Han husket at da han var liten, hadde de ofret en jente fra mandanstammen. Det hadde hendt at de hadde ofret en ungdom fra sin egen stamme. Selv de mest hardhudede i stammen syntes at slike ritualmord var motbydelig. Men de våget ikke å trosse høyere maktet. Han prøvde å tenke på andre ting. Nå hadde han noe som skulle pryde hans erobringsstav. Et stykke beverpels med røde frynser.

Men han hadde ikke behøvd å bekymre seg. Hans far hadde lenge talt i mot denne grusomme skikken. Han hadde vært i St. Louis og snakket med indianeragenten der, William Clark. Det var tydelig at de hvite ikke ville tolerere en slik grusom skikk og ville gjøre mye for å stoppe den.

Faren tok i mot sin sønn med større stolthet enn om han hadde vært på et krigstokt og kommet tilbake med skalpstaven full av ferske skalper. Folk forsto at myten om Morgenstjernen var bare overtro. De skjønte at bønn til himmelske makter hjalp ingenting for å få en god avling.

Skogstjerne ble godt mottatt av sitt eget folk. De fleste hadde ikke ventet å få se henne igjen, men Hvite Hauk hadde hele tiden levd i håpet om hun skulle komme hjem en dag. Derfor hadde han ikke bundet seg til en annen kvinne. De forsto at nå skulle de to holde sammen. Det vanlige var at foreldrene fant ektefelle til sine barn. Av og til kunne to unge ordne dette på egen hånd. Dette ble nesten alltid godtatt.

De unge hadde mye å snakke om da de møttes. Hvite Hauk og Skogstjerne dro ofte på jakt sammen. En dag var de heldige og hadde med seg hjem en stor hjortekalv. Mange i stammen var med da den skulle parteres. Blodet ble tatt vare på og blandet med bær. Dette stillet sulten og slukket tørsten.

Hvite Hauk fant fram sin beste kniv da han skulle flå byttet. Han sendte opp en bønn til høyere maktet fordi han hadde drept et dyr og ba om tilgivelse. Først la han skrotten slik at mulen pekte mot øst – derfra kommer lyset og livskraften. Han laget et snitt fra haleroten og til nakken på dyret og dro huden av.

Snart fikk de selskap av mange barn. Hvite Hauk visste godt hva de ville ha. Han åpnet buken på dyret og tok ut leveren. Dette var en delikatesse som gikk ned på høykant. Andre godbiter var hjernemasse og marg fra knuste knokler.

Kvinnene hjalp til med slaktingen. Da dette arbeidet var

ferdig, ble det servert et måltid fersk mat: Hjerne og beinmarg fra dyret ble blandet med talg og servert på innsiden av hjorteskinnet. Et lite stykke kjøtt ble løftet mot himmelen og så begravet i jorden. Det var et offer til åndene.

Mens de spiste, satt Hvite Hauk og tenkte på det som hadde skjedd den siste tiden. Skogstjerne hadde kommet tilbake i god behold. De hadde laget en stor fest for å feire hjemkomsten. De danset Bøffeldansen hele natten, og bad åndene til Bøffelfolket om at flokkene skulle komme nær deres boplass. Mens de spiste, fortalte Skogstjerne en legende om de første menneskene på jorden. Det hadde hun hørt hos Pawneene.

- For lenge siden bodde menneskene på jordens innside. De dyrket vindruer og bønnestengler. En bønnestengel vokste så høyt at den vokste gjennom et hull høyt oppe.

En ung mann klatret opp og kom til elvebredden ved Missouri. Der fikk han se mange bøfler. Han skjøt en med en flintpil og stekte kjøttet. Det smakte godt. Han vendte tilbake og fortalte hva han hadde sett. Mange ville være med ham opp, også to pene unge jenter. En veldig tykk dame ville også opp – men høvdingen nektet henne å klatre opp. Hun prøvde likevel – da brast bønnestengelen og hun falt ned. Slik ble folk oppå jorden adskilt fra de som bodde inne jorden.

Etter festen ble Skogstjerne med Hvite Hauk hjem til teltet hans. Etter en stund betraktet de seg som mann og kone. Hvite Hauk ga fem hester til Skogstjernes foreldre. Det betydde ikke at hun kjøpte bruden, men et uttrykk for hans takknemmelighet og for å vise at han var en god forsørger.

Neste vinter – i Månen – når- isen - smelter, fikk de en sønn som de kalte Lille Kniv. Navlestrengen ble formet som en sirkel og sydd inn i en liten firfirsle av mykt hjorteskinn. Dette skulle sikre barnet et langt og godt liv. De holdt navneseremoni i teltet til sjamanen. Medisinmannen tente den hellige pipen og blåste røykskyer mot jorden og mot stjernene, og mot de fire himmelretninger. Pipen var fylt med tobakk og rød seljebark. Fire bånd var festet til den: Det var for de fire verdenshjørner. Det svarte står for vest, der tordenfuglene bor, som sender regn. Det hvite står for nord, der den kraftige, hvite, rensende vinden kommer fra. Det røde står for øst, hvor lyset kommer fra, og hvor Morgenstjernen bor som gir menneskene visdom, og det gule står for sør, der sommeren og livskraften kommer fra. Så ba han til Skaperen om at barnet måtte få et langt og godt liv, og bli en flink jeger og kriger. Han avsluttet seremonien med å fortelle hvordan mennesket ble skapt: Knoklene ble tatt fra steinene, blodet kom fra duggen, kjøttet kom fra jorden, øynene fra kom fra dype tjern, skjønnheten kom fra Skaperens eget bilde, pusten kom fra vinden, og styrken kom fra stormene. Det første mennesket var så digert at hodet nådde over skyene og han kunne se til alle fire verdenshjørner. Men tungt arbeid og utilstrekkelig kost reduserte hans størrelse til den han har nå.

Senere på dagen arrangerte Hvite Hauk en Gi - bort - dans til ære for det nyfødte barnet. De vanligste gavene var hester og pelsverk. På festplassen hadde musikantene sin faste plass – en forhøyning som vendte mot vest. De trakterte fløyter, trommer og rangler mens venner og slektninger danset i ring. De fremførte en sang til ære for den nyfødte:

Ohoi - sol, måne, stjerner
Og alle dere som beveger dere i himmelrommet
Jeg ber at dere bønnhører meg
Et nytt liv er født på jorden
La veien bli lett så barnet kan gå over alle fjelltopper
Himmelske makter – bønnhør meg
Ohoi – nordavind, østenvind, sønnavind og vestavind
Og regn, snø og tåke
Alle dere som beveger dere i luftrommet over oss
Et nytt liv er født på jorden
La veien bli lett om det regner eller snør
Jeg ber om at dere bønnhører oss Og coyote og bever
Dere som vandrer i skogene omkring oss
Et nytt liv er kommet til vår stamme
La det vandre med fred blant alle skapninger
Dere som vokser på markene omkring oss
Et nytt liv er kommet til vår landsby
La det leve i fred med alt som vokser
Alt som vokser – bønnhør meg Og mais og bønner
Alle som lever i skogen – bønnhør meg
Bomullspoppel – lønnetre – einer og salvie
Alt som lever omkring oss
Jeg ber om at dere hører våre bønner

Da sangen var nesten ferdig, gikk en og en ut av ringen og forsynte seg med en pels eller en hest. Månen hadde kommet opp da de avsluttet festen og gikk hver til sitt.

Skogstjerne glemte aldri sitt besøk hos pawneefolket. Hun tenkte stadig på Petalesharo og alle vennene hun hadde fått i løpet av det året hun bodde der. Før hun sovnet, pleide hun å sende en vennlig tanke til ham som hadde reddet livet hennes. Og som trolig var far til hennes barn.

11

Det ble vinter året 1822. Sammen med femten andre delegater var Petalesharo på besøk hos Den store hvite far i Washington. President James Monroe arrangerte en fem måners tur for dem til statene på østkysten. De kom til hovedstaden før årsskiftet, og i januar hadde de mange møter om problemene med kjøp av de innfødtes land og om forholdet til de hvite. De ble invitert til flere møter i Det hvite hus. Hver dag møtte de embetsmenn som arbeidet med indianerspørsmål. Det var krigsminister John Calhoun, indianeragent Benjamin O'Fallon og oberst Thomas L. McKenny – han var leder for byrået. Han kjempet utrettelig for indianernes rettigheter. Det skaffet han mange fiender, særlig da han nektet å ta imot bestikkelser. Særlig general Andrew Jackson ble han aldri venner med. Noen år senere ble Jackson president og ga Mckenney sparken..

Den dagen hadde mange mye på hjertet. Første taler var Grå Ulv fra siouxstammen:

- Venner og brødre! Det er vår skapers vilje at vi skulle møtes her i dag. Han er herre over alt og har gitt oss en fin dag for vårt møte. Han har dratt skyene til side så solen skinner klart på oss.

Vi har fått beskjed om at vi kan tale fritt. Det er vi glade for. Vi kan stå foran vår store hvite far og si hva vi mener. Det var en tid da våre forfedre eide dette landet. Vårt område strakte seg fra den oppgående til den nedgående sol. Landet ble skapt for indianerne. Bøffelen, hjorten og andre dyr ble skapt for at vi skulle ha mat. Han skapte bjørnen og beveren. Vi laget klær av deres skinn. De ble spredt over hele landet. Han lærte oss hvordan vi skulle fange dem. Han fikk jorden til å gi oss mais og bønner. Om vi ble uenige om våre jaktmarker, pleide vi å bli enige uten noe større blodsutgytelse.

Så talte Hvite Bøffel fra mandanstammen: - Men så kom det nye tider. Dine forfedre seilte i store kanoer over det store vann og landet hos våre nasjoner. De var ikke særlig mange. De fant venner og ingen fiender. De fortalte at de hadde flyktet fra sitt eget land og de onde menn som styrte der. De kom hit for å dyrke sin religion i frihet. De bad om litt plass. Vi syntes synd på dem og de bosatte seg i blant oss. Vi ga dem kjøtt og mais, de ga oss gift tilbake. De hvite hadde nå oppdaget vårt land. De sendte tiender tilbake. Flere kom og bosatte seg her. Vi var ikke redd dem. Vi trodde de var våre venner. De kalte oss for brødre. Vi ga dem mer land. De giftet seg med våre kvinner. Til slutt ble de veldig mange. De ville ha mer land. De ville ha vårt land. Da ble våre øyne åpnet. Vi ble urolige. Noen begynte å krige. Indianere ble innleid for å kjempe mot indianerne. Mange av vårt folk ble drept. De brakte ildvann til oss. Det var en farlig gift som tok livet av tusenvis.

Det var så tid for en pause. De ble servert mat og drikke på plenen foran Det hvite hus. Mange stoppet og så på den fargerike flokken som besøkte presidenten.

Det hadde samlet seg over seks tusen mennesker foran Det hvite hus. De fikk se en indiansk krigsdans – noe de aldri hadde sett før.

Etter pausen var det Falkeøye fra cheyennestammen som fikk ordet først: - Det var en gang da våre plasser var store og deres var små. Dere er nå blitt et mektig folk, men vi har knapt plass nok til å legge teppene våre på. Landet vårt holder dere på å ta fra oss. Dere planlegger nye lover så dere kan flytte oss vestover og enda lengre vestover. Men dere er ikke fornøyd med det. Dere vil tvinge deres religion på oss. Vi kan ikke forstå visdommen i den hvite manns avgjørelser. Vi ville kanskje forstå alt bedre hvis vi kjente den hvite manns drømmer. Vi vet ikke hvilke fremtidsvyer dere skjenker barna for at de skal kunne forme sine ønsker for morgendagen.

Men vi er villmenn. Den hvite manns drømmer er skjult for oss. Da må vi velge vår egen vei. Vi må kanskje godta at dere sender oss til reservater. Der kan vi kanskje leve inntil vår tid på jorden er over. Da vil vårt folks ånd fremdeles leve i disse skoger og prærier. Vi elsker dette landet slik et ufødt barn elsker sin mors hjerteslag. Vi bønnfaller dere – elsk dette landet slik vi har elsket det. Bevar det for dine barn og elsk det slik vår skaper elsker oss alle. En ting er sikker: Vår gud er deres gud. Jorden er dyrebar for ham. Den hvite mann kan ikke unngå skjebnen. Jeg håper at vi engang kan bli brødre. Jeg har talt.

Så talte en siouxindianer: - Mine kjære brødre! Nå har våren kommet – Moder jord har mottatt solas omfavnelse – vi skal snart se følgene av dens varme. Dyrelivet har våknet, det har også frøene. Denne mystiske kraft gir også oss vår eksistens – og til våre venner blant dyrefolkene. De har samme rett som oss til å bo i vår nasjon.

Mitt folk, hør på meg: Vi har møtt en fremmed rase som var liten og svak da vi møtte dem for første gang. Men nå er denne rasen stor og mektig og vil fra oss vår jord. De vil dyrke jorden. De har en sykdom som var ukjent for oss: De vil eie jorden. De har laget mange lover som de rike kan bryte, men ikke de fattige. De tar skatt fra de svake og fattige og gir til de rike herskerne. De krever å eie Moder Jord, og stenger ute sine naboer med gjerder. De skader Moder Jords ansikt med sine heslige bygninger og alt avfall. Et slikt folk er som en kraftig vårflom med oversvømmelser som ødelegger alt der den herjer.

Vi kan ikke leve som gode naboer med dere. Dag og natt kan ikke bo i sammen. Det betyr ikke så mye hvor vi bor resten av vårt liv. Det blir nok ikke så veldig lenge.

Siste taler var Petalesharo: - Store Far – jeg skal tale bare sannhet. Jeg har sett ditt folk, de store fartøyer ved Den store sjø og mange vidunderlige ting som er langt hinsides min forståelse. Jeg er takknemmelig for at vår store far har invitert oss hit og har tatt oss under sin beskyttelse. Vår skaper bestemte at den hvite mann skulle dyrke jorden og holde husdyr – vi skulle streife gjennom skogen og prærien og jakte på dyr som gir oss mat og klær. Både dere og oss er glad i vår skaper som er allmektig. Fred, lykke og helse er avhengig av ham. Han skapte oss og kan utrydde oss. Vi har mye bøfler, hjort, bever og mange andre dyr – og masse hester. Vi har mye land – om bare dere kunne la oss ha det fred. Vi vil slippe å få besøk av de svartkledde – vi har den religion vi har vi har fått fra våre forfedre. Vi har ikke bruk for en ny.

Store Far – jeg har med gaver til deg. Her er en fredspipe med tobakk som vi har dyrket lenge før den hvite mann kom hit. Vi håper at du vil ta i mot bøffelkapper, leggbeskyttere, mokasiner og bjørneklør. Disse tingene har lite verdi for deg, men vi håper at du vil oppbevare dem i ditt langhus. Så – når vi er borte en dag, kan våre etterkommere komme og se dem og tenke på den tid som har vært.

- Jeg takker alle våre gjester for mange kloke og tankevekkende ord, sa presidenten. – Vi skal bevare i vårt hjerte alt dere har sagt. Måtte vår gud gi dere alle en trygg hjemreise.

En reporter fra National Intelligencer kom på sporet av den unge pawneekrigerens heltedåd. Han skrev en fargerik artikkel i sin avis, og snart var historien om hvordan jenta så dramatisk ble reddet fra å bli ofret til Morgenstjernen, kjent i flere stater. Petalesharo ble omtalt overalt hvor folk var samlet. Alle var fulle av beundring over denne edle villmann, som fikk avskaffet tradisjonen med menneskeofring.

Charles Bird King malte mange portretter av indianere.

New York Commercial Advertiser trykket et heltedikt på elve vers – som ble lest opp i mange selskaper – mange beundret

heltegjerningen til den edle villmannen. En kjent maler, Charles Bird King malte flere portretter an den unge gutten. Han hadde malt portretter av tidens mest kjente menn. Han malte også mange fra USAs urbefolkning – men han hadde aldri besøkt dem der de bodde. Mange besøkte Washington – da ble de portrettert. Charles Bird

King vokste opp sammen med sin mor og bestemor. Han bodde i Ohio til han var fire år. Da ble faren drept og skalpert – da flyttet han og moren østover til hans bestemor. I sin ungdom hadde han studert kunst i London.

På Miss Whites seminar for unge damer hadde de vanligvis to samtaleemner i friminuttene: Moter og gutter. Men i de siste ukene var de bare opptatt av redningsdåden i Nebraska.

- Vi burde gjøre noe for den unge indianeren, sa Mary Rapine, en tiltalende ung dame fra en byens mest kjente familier. – Kan vi ikke gi ham en medalje?

Det hadde lenge vært skikk og bruk å gi medaljer til berømte indianere. Medaljen ble båret når de hadde stasklærne på, og de trodde at den inneholdt sterk medisin.

De unge damene brukte mye tid på å lage et utkast til medaljen. Da de ble enige om hvordan den skulle se ut, gikk til en sølvsmed med sine sparepenger og bidrag fra sine foreldre. En kjent sølvsmed var glad for å få dette oppdraget. Medaljen hadde avbildet på forsiden hvordan jenta var bundet til et loddrett stativ. På baksiden kunne en se at jenta ble reddet av den unge helten.

Lørdag den 23. februar 1822 møtte Petalesharo fram i den store villaen til familien Rapine. Han hadde på seg et lendeklede i mykt hjorteskinn, leggings av garvet bøffelkalvskinn og pyntet med pigger av kulørte pinnsvinpigger. Ansiktet var dekorert med svarte og røde striper. Over de brede skuldrene hadde han en diger kappe av bisonpels med hårene inn. Noen tolker, flere avisfolk og embetsmenn var tilstede.

De unge damene hadde på seg sine fineste ballkjoler. Alle var preget av stundens alvor. En svart hushjelp gikk rundt med forfriskninger. De satte pris på å få servert vin og kaker og spiste til alle fat var tomme. Indianeren var en fot høyere enn de fleste i rommet. Han sto der, urørlig som en statue med armene i kryss under bøffelkappen, mens de andre småpratet seg i mellom. Blant indianerne er selskapelig småprat helt ukjent, så han kjente seg litt utenfor. Omsider kom ett par avisfolk bort til ham og spurte hva han hadde sett på reisen langs østkysten.

- Mine øyne har sett de mest utrolige ting, svarte han. – Om jeg forteller hjemme alt jeg har opplevd her, vil ingen tro meg. De ville kalle meg løgner og skrønemaker. Jeg ville ha blitt latterliggjort og kanskje utstøtt av stammen. De ble avbrutt av Mary Rapine, som kom bort til dem. Hun klappet i hendene så det ble stille i salen. Hun holdt en kort tale og sa:

Den unge Pawneekrigeren ble malt av Charles Bird King.

- På vegne av skolen vår skal jeg få overrekke en medalje som tegn på den respekt og beundring vi føler for den heltegjerning du har utført. Røde bror, vi har alle hørt om ditt store mot og din medmenneskelighet, da du reddet comanchejenta fra tortur og den sikre død. Dine hvite søsken vil alltid beundre deg og ære deg for det du har gjort. Den store ånd vil velsigne deg, for han velsigner alle som gjør gode gjerninger. Overalt hvor du kommer, vil den hvite mann være din venn, for du reddet livet til et medmenneske som var i den ytterste nød. Bror – ta i mot dette symbolet på vår aktelse og bær det alltid på deg. Vi vet at du i fremtiden – om anledning byr seg – vil redde et menneske fra tortur og død.

Oberst McKenney likte dårlig tolkens oversettelse. Den var klosset og upresis.

Mary måtte stå på tærne da hun skulle henge medaljen om halsen på dagens helt. Han var stolt da han beundret begge sidene på medaljen. Han så mot forsamlingen og sa med rolig stemme: - Jeg takker dere alle for at dere har invitert dere i dag. Men egentlig var det min bestemor som skulle ha hatt en slik medalje. Da hun var liten, hadde min stamme tatt til fange en ung dakotakriger. Som skikken var, skulle kvinnene bruke tre - fire døgn på å ta livet av ham på en langsom og grusom måte for å hevne de ektemenn, brødre, sønner og fedre de hadde mistet i krigen. De gamle damene kom med sine nattpotter og tvang ham til å drikke innholdet. Noen skar stykker av ham og stekte og spiste mens offeret så på. De trodde at de da ville arve hans styrke og mot. Offeret spottet sine plageånder og sang sin dødssang. Mange tok gløende kull fra bålet og brente huden hans. Min bestemor, som da var seks – sju år – holdt ikke ut å se på at de plaget denne mannen. Hun ga seg til å gråte helt til de ikke orket mer barnegråt. De slapp fangen løs. Han ble vasket med vann og bøffelull. Litt ildvann de hadde på lager renset sårene. Bøffelfett blandet med hvitløk ble brukt på sårene hans. Min bestemor hentet vann til ham og ga ham mat. Etter åtte – ti dager var han mye bedre. Høvdingen gav ham sin fineste drakt og sin beste hest.

Da han ble helt frisk, dro han tilbake til sitt folk. Han prøvde mange ganger å få i stand en fredsavtale mellom våre to nasjoner. Han kom ofte tilbake for å besøke min bestemor som hadde reddet livet hans. Å tenke på min bestemor i denne stund bringer fred i mitt hjerte. Jeg føler meg som et ospeløv etter et uvær – når det er blitt vindstille. Må det alltid herske fred mellom alle våre nasjoner, og må det bli et evig vennskap mellom brødre som før var fiender. Jeg er glad for at dere hørte om det jeg gjorde. Jeg visste ikke at min gjerning var så god. Jeg gjorde bare det jeg måtte gjøre. Dere har åpnet mine øyne for verdien av min redningsdåd ved å gi meg denne medaljen. Den skal jeg bære på meg så lenge jeg vandrer på vår jord. Deretter skal den følge meg til landet til mine forfedre. Jeg har talt.

Han så på medaljen, som var så blank at han kunne speile seg i den. Han la merke til at der var skrevet en rekke med magiske tegn. Hadde han vært lesekyndig, ville han ha sett at der var inngravert:

TIL DEN MODIGSTE AV DE MODIGE

Følgende bøker har vært til hjelp:

Indianerne forteller - oversatt av Terje Myklebust og Trygve Greiff – Den norske bokklubben

Prærieindianerne - oversatt av Leif Toklum - Den norske bokklubben

Nord – Amerikas indianere av Terje Myklebust - J. W. Cappelen

Lakota – De som søker den store ånd – oversatt av Kari Marie Thorbjørnsen - J. W. Cappelen

Reader's Digest: America's Fascinating Indian Heritage

National Geographic Society: The World of The American Indian

The Pawnee Indians av George E. Hyde - University of Oklahoma Press

The Comanches – The Destruction of a People av T.R. Fehrenbach - Alfred A. Knopf

Concise Encyclopaedia of the American Indian av Bruce Grant – Bonanza Books

Children of the Sun av Adolf og Beverly Hungry Wolf – William Morrow and Company, Inc.

Everyday Life of the North American Indians av Jon Manchip White – Dorset Press

Indians of The United States av Clark Wissler - Anchor books Double day

Indian Signals and Sign Language av George Fronval og Daniel Dubois – Bonanza Books

People of the First Man av David Thomas og Karin Ronnefeldt – Promontory Press

The Day They Hanged The Sioux av C. Fayne Porter - Scholastic Book Services

Indian Oratory samlet av W.C. Wanderwerth – University of Oklahoma Press

The McKenney – Hall Portrait Gallery of American Indians av James D. Horan – Bramhall House

North American Indians – Myths & Legends av Lewis Spence - Bracken Books

The Portable North American Reader – redigert av Fredrick W. Turner III - Penguin Books

The Way of the Animal Powers av Joseph Campel – Times Books London

The Indians av Benjamin Capps – Time –Life Books

North American Legends redigert av Virginia Haviland – Faber and Faber

The Catlin Book of American Indians av Royal B. Hassrick – Promontory Press

The Indian Legacy of Maximilian av Herman J. Viola - Smithsonian Institution Press

THE CIVILIZATIONS OF THE AMERICAN INDIANS – Thomas Page – Minerva Geneve

History of Western American Art – Royal B. Hassrick – Bison Books Ltd

The Comanches – Lords of the South Plains av E. Wallace og E.Adamson Hoebel

University of Oklahoma Press

Et år i dyrenes verden - Det Beste AS Oslo 1993

Verdens Dyreliv - DET BESTE OSLO 1972

Dyrenes forunderlige verden DET BESTE A S 1965

Den store ånd av Lame Deer – Grøndahl 1973